識学 安藤広大

Kodai Ando

人の上に
立ち続ける
ための思考法

Anyway, Systematize

とにかく
仕組み化

ダイヤモンド社

「あなたがいないと困る」

この言葉は、麻薬だ。

組織の中で、

「**替えの利《き》かない人**」は、

今の位置にとどまる。

「**歯車として機能する人**」は、

人の上に立てる。

いっけん、逆だと思ったかもしれない。

しかし、残念ながら、これが真理だ。

そして、別に、どちらが正解かではない。
あなたが、どちらを選ぶかだ。

歯車として機能する人には、
「**仕組み化**」の考えが備わっている。

たとえば、社内でミスが起こったとき、
2つの反応に分かれる。

「なぜミスしたんだ?」と、

〝**個人**〟を責めるか。

「どうすれば防げたのだろう?」と、

〝**仕組み**〟を責めるか。

その一瞬の判断だけで、あなたの行く末が決まる。

つい、感情が先に出てしまいそうなときに、

「**とにかく仕組み化**」

という言葉を心の中でつぶやいてみてほしい。

スッと冷静になれるだろう。
目の前の人のせいにせず、
背景にある〝**ルール**〟を疑うようになれる。

「あの部長のせいだよね」
「あの新人が育たないせいだよね」
と、同僚とグチを言うだけで
終わっていないだろうか。

本書で仕組み化の「**本質**」を知り、
自らの手で仕組みを変える側の人になってほしい。

冒頭に、「あなたがいないと困る」という言葉は麻薬だ、と書いた。

その感情と早く折り合いをつければ、
あなた自身の立場は、どんどん上にあがり、
さらに〝**大きな仕事**〟を成し遂げられるようになる。

それでは早速、

「**とにかく仕組み化**」という言葉の中身を、

明らかにしていこう。

とにかく仕組み化

安藤広大

はじめに　――人の上に立ち続けるための思考法

こんにちは。

「株式会社識学《しきがく》」という会社の代表を務める安藤広大と申します。

私はこれまで、「識学」というマネジメント法を通して、多くの組織の問題を解決してきました。

「識学」という考え方では、組織内の誤解や錯覚《さっかく》がどのように発生し、どうすれば解決できるか、その方法を明らかにしています。

2023年8月時点で、約3500社の会社が識学を導入しています。

この本は、そんな識学のメソッドをもとに、「**人の上に立つべき人**」に向けて、仕事の型になる「仕組み化」の考え方を伝えます。

経営者に限らず、中間管理職やチームリーダー、さらには、未来のリーダーを担うプレーヤーや若手社員にも役に立つメソッドです。

いかなるときも「仕組み」に目を向け、問題を解決していく姿勢は、必ずあなたを救ってくれます。

まずはその理由について、述べていきましょう。

「人が動くとき」何が起こっているのか

「仕組み化」と聞いて、まず想像するのは、ビジネスモデルの話でしょう。

商品やサービスをいかに生み出し、どうやって広げていけばいいのか。そういう戦略のことを想像するかもしれません。

しかし、本書でお伝えしたいのは、**ビジネスモデルの話ではありません。**

あくまで「**人**」**をどう動かすか、という本質的な話です。**

ビジネスモデルは、ケーススタディになった瞬間に古びます。

どんなビジネスモデルであれ、結局、最後は「人」が重要になってきます。


1人1人が何に集中するのか。

どういう改善に取り組むのか。


その差が積み重なって、ビジネスはうまくいきます。


日本では、アップル創業者のスティーブ・ジョブズ氏の成功論がよく語られます。

「想像力が大事で、いまここにないものを新たに妄想できるから、アップルは成功した。だから、枠にとらわれずに、自由な発想で仕事に臨まないと価値を生まない」

そのように称賛されます。

しかし、ここには、1つの要素が欠けています。


たしかに、ジョブズ氏は優れたアイデアを持っていました。

しかし、そのアイデアを実現させるためには、「**言われたことを貫徹《かんてつ》する**」という徹底的な規律が必要です。

速やかに行動に移し、試行錯誤し、改善していく「組織」が大事です。

「アイデア」だけではなく、仕組み化された「組織」があって初めて、両輪となる。

それなのに、組織の話には華やかさがないためか、スポットライトが当たることがありません。

派手なアイデアや個人のカリスマ性ばかりに目がいってしまうのです。

「歯車」という言葉への誤解

ここであなたに確かめてほしいのは、**「歯車」として生きる覚悟**についてです。

「あなたは社会の歯車です」

という言葉を聞いて、どのように感じるでしょうか。

「歯車なんて絶対に嫌だ」

「もっと自分らしくありたい」

「個として認めてもらいたい」

「替えが利くのではなく、自分がいなくなったら困ってほしい」


そのように反発するのではないでしょうか。


個人の時代と呼ばれ、そのような考えを持つ人が増えました。

子どもの頃は誰しも、「自分が中心になって世の中が動いている」という考えを持つそうです。自分の目に見えていないものは存在せず、自分が世界の主人公のように感じて生きています。

やがて、大人になる過程において、徐々に「**世の中は自分中心で動いていない**」ということを学んでいきます。

自分がいなくても、何事もなく世の中が回ることを知り、そこで一度、絶望感を味わうはずです。

しかし、その事実を受け入れて、さまざまなことを諦めて、社会と折り合いをつけ、大人になっていきます。

「組織あっての個人」でしかない

鳥の群れやアリの巣を見てください。

1羽1羽、1匹1匹が、見事に有機的に動き、大きな目的を果たしています。

「どこの島に行けば、全員が暖かく豊かに過ごせるのか」

「何をどこに運べば、アリの巣の全員にエサが行き届き、繁栄するのか」

組織全体の大きな利益を、本能的に得ようとしているはずです。

そして、それぞれがその役割を果たしています。

これを見て、「群れの一部になりたくない」と反発するのか。

あるいは、この仕組みを知り、大きなことを成し遂げたほうが自分にとっての利益につながると思うのか。

「歯車になること」の力に気づき、**いったん受け入れた人から、成長ははじまります。**


任された機能を果たし、ゴールへと迷わず進むこと。

行動の後に、きちんと評価を受けること。

その評価をもとに、試行錯誤をすること。

そうやって、ちゃんと「歯車」になるということの重要性を再認識してみてください。

その組織の中で求められている役割を理解し、自分自身も仕組みの一部に組み込まれるのです。


そのスキルさえあれば、じつは、**どこに行っても活躍できるようになります。**

どんなビジネスモデルでも通用する人に成長できます。

逆説的ですが、自分が替えの利く人であることを認めた人が、社会で活躍できるようになっているのです。

そうなることこそが、社会人としての成功です。

あるいは、そういう部下を育てることが、リーダーや上司の成功です。

さらに、そんな組織をつくり上げることが、社長や経営者の成功とも言えます。

「古い仕組み」を「新しい仕組み」で壊す

「仕組み化」というのは、**「ルールを決めて、ちゃんと運営する」**ということです。

おそらく、「仕組み」や「ルール」という言葉を聞くと、ネガティブなイメージが先行するでしょう。

それは、あなたの会社に「理不尽なルール」だと感じているものが思い浮かぶからかもしれません。

「このルールは何のためにあるのだろう?」

と思ってしまう決まりが、きっと1つや2つはあるはずです。

「新入社員は、始業時間の30分前に来ましょう」
「電話は3コール以内に取りましょう」
「一般社員はエレベーターを使ってはいけません」

これらのルールがあったとして、なぜそれが生まれたのかについて想像力を働かせてみてください。

過去、何か問題が起こったとき、そのルールは作られたのでしょう。
そのときは必要だったのです。
ただ、そのときの「責任」を語るべき人が、いまはいません。
ルールが形骸化《けいがいか》してしまい、そのまま残ってしまっている状態です。
誰かがその「責任」を引き受け、変えなくてはいけない。
本来、人の上に立つ人が、自らの責任で変えるべきです。
もしくは、
「このルールがあることで、ある問題の発生を食い止めています」

ということを組織全体に浸透させなくてはいけない。

ルールを正しく取り扱う仕組みがないから、「理不尽なルール」と思われてしまうのです。

仕組みの考えは、そうやって使われるべきです。

過去に作られて形骸化したルールを、もっと大きな仕組みの枠組みによってアップデートしていく。

その責任をとるべき人が、人の上に立つべきなのです。

「マニュアル」をナメていないだろうか

いまの時代、「マニュアル」が軽視されています。

書いてある通りにやることはバカにされがちです。

しかし、**マニュアルは、過去の苦労の結晶です。**

世の中にあるレシピや法則は、過去の膨大な失敗を経て、残っています。

もちろん、それを見直すことは重要です。

しかし、最初からすべてを疑い、マニュアルを軽視してしまっているのが、いまのトレンドではないでしょうか。

いったん、その通りに、忠実になろうとするほうが、じつは成長は早いのです。

私の会社にも、識学講師マニュアルが存在します。

それに沿って、最初はロープレ（ロール・プレイング：役割演技）をしていきます。

徹底的に叩き込み、トークを磨きます。

それをやっていくうちに「個性」は出てきます。

料理であれば、レシピ通りに作っていても、その人ならではのクセで「味」は出ます。

その順番を守りましょう。

マニュアルをナメないということです。

書いてある通りに、「忠実に実行する人」だけが、マニュアルのすごさに遅れて気づきます。

あるいは、新しい法則を発見し、マニュアルを改善できるのです。

「貢献できる人」を生み出す仕組み

あなたが、ある特定のスキルを身に付けたとしましょう。
それにより、会社で大いに活躍できるようになるとします。

その後、2通りの考えに分かれます。

「このスキルを人に隠しておこう」という人。
「このスキルを人に教えてあげよう」という人。

前者は、自分の目標だけを200％クリアできたとしましょう。
後者は、全メンバーで全社の目標を120％クリアできました。

結果的に、前者では個人の売上がアップしただけですが、**後者では会社全体の売上アップに貢献《こうけん》した**のです。

個人が組織に貢献できるかどうかは、多くの会社では「その人の性格やタイプ」で決まってしまっているはずです。

協力的か、そうでないかが、人によってバラバラになっている。

その問題を解決するのに、「仕組み化」が役に立ちます。

協力せざるをえない仕組みを、人の上に立つ人がつくり上げるのです。

先ほどの「マニュアル」の話でいうと、今度は、新しいマニュアルをつくる側になるということです。

その方法については、本文で詳しく説明しましょう。

組織全体に貢献する人が、組織では上にあがれるようになっていて、さらに上に立つ人が、貢献せざるをえない仕組みをつくり続ける。

成長の根底には、「仕組み化」の考えがあり続けるのです。

「替えの利かない人」になりたい欲望

「かけがえのない人になりたい」

「歯車ではなく、替えの利かない人になりたい」

そんな欲望が、人間にはあるはずです。

その欲の存在を否定しません。

「あなたがいないと困るんだ」と言われて、嫌になる人はいないからです。

ただ、本音と建前があると思うのです。

トッププレーヤーであるエース社員が引き抜かれて、その会社が絶望に立たされるとしましょう。

最初は、「あなたがいないと困る」と言って引き留めるでしょう。

しかし、**人の上に立つ人は、残されたメンバーを信じないといけません**。

「一時的にピンチです。しかし、このメンバーなら大丈夫です」

ということを伝えるのです。

すると、思いもよらなかった社員が、代わりにエース級の活躍をするようになります。


そうやって人の成長を信じ、入れ替わりが起こるのが、「いい組織」です。

仕組みがあれば、ピンチを救えます。

さらに、そのピンチを乗り越えると、組織は「脱皮」して大きくなります。

そうやって、より強固な体質になっていく会社を、私は数多く見てきました。

だから、

「**組織の中で替えが利くようにしておく**」

という人が、逆説的に優秀なのです。

型にハマった人が、やがて大きく化けます。

そのためにも、「仕組み化」が根底に必要になってくるのです。

「未来永劫、続いてほしい」という思い

その最終形が、「経営者」です。

ちなみに、社長である私は、できるだけ手を動かさないことを大事にしています。

自分がいなくても回る仕組みを構築するように、日々、考えています。

すると、究極的に、

「社長がいなくてもいい」

という状態になる。

私は、「それでもいい」と考えています。

親がいなくなっても子どもが育つように、自分の存在が限りなくゼロになっていくことが究極的には必要です。

そこにジレンマがあるのは確かです。

「しがみつきたい」

「自分がいないと回ってほしくない」

そうやって感情をむき出しにする経営者もいるでしょう。

しかも、それをこじらせると、

「自分がいなくなった後は、失敗すればいい」

「やれるものならやってみろ」

という、曲がった考え方に行き着いたりします。


しかし、人間も生物である以上、自分の遺伝子を残したいという欲があるはずです。

本来であれば、

「私がいなくなってもうまくいってほしい」

「死んだ後も、この事業が続いていってほしい」

「未来永劫《みらいえいごう》、残ってほしい」

という未来を選ぶ。

それが、経営者の最終的な目的だと思うのです。

その目的を果たすためには、考え方の根底に「仕組み化」の思考がないといけない。
この点に関しては、本書の最後にあらためて触れましょう。

いかなるときも「性弱説」を前提に

もう1つ、「仕組み化」にはメリットがあります。
それは、個人の仕事に応用できる点です。

「〇〇をしたら、××をする」

という、シンプルな習慣術があります。

「朝にコーヒーを淹《い》れたら、新聞を開く」
「スマホの電源を切ったら、最初の仕事に取り組む」

「風呂上がりに着替えたら、ストレッチをはじめる」

そうやって、「簡単な行動」と「続けられない習慣」を結びつけておく発想です。

仕組みのように自動化しておくと、後者のほうをスムーズに開始することができます。

そして、その根底には、「**性弱説**」があります。

「性弱説」というのは、「人はラクをして生きるものだ」と、精神論を諦めた上で物事を考えたほうがいい、という教えです。

だから、仕組み化をやっておかないと、毎回、

「新聞を読まないといけないな……」

「仕事をしているとスマホが気になるな……」

「ストレッチしてから寝ないとな……」

と、**頭で考えてしまったり、自分の誘惑といちいち戦ってしまう**ことになります。

すると、どんどん億劫《おっくう》になっていきます。だから、筋トレもダイエットも貯金も、「習慣」と呼ばれるものはすべて「続けられない」のです。

このムダを極限までシンプルにするのが、「仕組み化」のメリットです。

性弱説にのっとって改善していく姿勢が、組織をどんどんよい方向に導きます。

とはいえ、この本で紹介するのは、個人が仕事をラクにするライフハックではありません。

もっと壮大で本質的な「仕組み化」の話です。

「組織を変えていく人」になってください

機械は、歯車が完璧に噛み合うことで、大きな動きができます。

全員が機能的に動き、大きな目的を果たします。

1人の力ですべてやっているように見えるのは、錯覚です。

この世は、たった1人で大きなことをやってのけることができないようになっています。

その現実に、早く向き合いましょう。

いったん歯車として完璧なまでに動くことができれば、組織で働く個人は「最大の喜び」が得られることを、ぜひ本書で学んでください。

そして、人の上に立ち続けてください。

「ずっと上の言いなりになれ」ということが言いたいのではありません。

仕事を進める上で違和感があれば、その原因を調べ、上に伝えるのです。

そうやって自ら組織を変えていく人になってください。

「愛着」を手放し、「孤独」を引き受ける

ちなみに、社長の仕事では、

「現場の仕事を社長が一緒になってやっている」
「社長が現場のオペレーションに入らなきゃいけない」

ということは避けないといけません。

社長がやるべきことは、

「細かな現場を見なくても成果が上がる」
「時間があり、他の活動に取り組める」

という状態をつくることです。

社長の介入を最小限にし、自走する組織をつくっていくのです。

これは、現場への愛着を手放すということでもあります。

特に、会社が大きく成長するタイミングに、この葛藤《かっとう》がやってきます。人の上に立つということは、孤独を引き受けていく作業なのかもしれません。

さて、本書は、拙著『リーダーの仮面』『数値化の鬼』に続く第3弾のような位置付けです。

社会人としての「生き方」に通じる内容をさらにお伝えしようと思います。

そのため、前著に比べて抽象度は高くなっているかもしれません。

プレーヤー層にとっては「耳が痛い」という内容もあると思います。

マネジャー層にとっては「覚悟を決める」という背中を押すメッセージも含まれていると思います。

会社はピラミッド組織です。

それぞれの立場にとって、受け取られ方は異なるかもしれません。

しかし、いまの立場の「1つ上の視座」を手に入れるつもりで、ぜひ最後までお読みいただければと思います。

マネジャーとしての実践は『リーダーの仮面』で、プレーヤーとしての実践は『数値化の鬼』で詳しく解説しています。

最後の仕上げとして、「仕組み化」の考え方を理解してもらい、明日からの仕事にお役立てください。

それでは、はじめましょう。

安藤広大

はじめに

人の上に立ち続けるための思考法

序章

なぜ「とにかく仕組み化」なのか

第1章

正しく線を引く——「責任と権限」

第2章

本当の意味での怖い人 ——「危機感」

第3章

負けを認められること――「比較と平等」

第4章

神の見えざる手 ——「企業理念」

第5章

より大きなことを成す──「進行感」

終章

「仕組み化」のない別世界

序章

なぜ「とにかく仕組み化」なのか

つい、テレビを見てしまう。

本当は読書をしたほうがいいのに。

あなたは、そんな悩みを持っています。

ソファで寝ながら罪悪感と闘い、「このままではいけない……」と、心を入れ替えようとするはずです。


では、仕組みの考えがある人は、どうするでしょう。

たとえば、ソファを動かし、本棚の前に置くことをします。

ソファで休むと、目の前に、本がずらっと見える。

すると、自然と本が気になり、手がのびます。読書習慣が身につきます。

このように、仕組みで解決できる発想に、頭を切り替えましょう。

「個人」を責めるな、「仕組み」を責めよう

「はじめに」で触れた「性弱説」について、もう少し説明しておきましょう。

仕事で目標に未達だったときに、上司から「頑張れ」と言われたところで、何も解決しません。

それは誰もが知っていることです。

しかし、自分が上司の立場になった瞬間、

「もっと頑張れよ」

と言ってしまったり、心の中で思ってしまったりするのが人間の常です。

人は弱い。

だからこそ、それを前提に、仕組みをつくっておく必要があります。

「なるべく早くメールを返信してほしい」

という要望があるとします。

経営者をしていると、意思決定のためのスピードが求められます。

そのため、部下への確認でメールを送った際、できるだけ早い返信がほしいのです。

とはいえ、「なるべく早く」では、1人1人によって認識の違いが生まれます。

「なるべく早くだから10分以内だ」という人もいます。

「その日中に返せば、なるべく早いほうでしょう」という人もいます。

そのため、仕組みで解決して、もっと解像度を高く、ルールを設定すべきです。

「私からメールが届いたら、3時間以内に返信してください」

というように私は設定しました。なぜなら、3時間以内であれば、どんな状況でも1回はメールチェックができるからです。

長い会議に入ったり、研修講義を受けていたりしていても、3時間以上、休憩がないシーンは考えられません。

そこまで考えて、「3時間以内の返信」というルールを設定しました。

これが、仕組みで問題を解決する発想です。

他者からの明確な指示があって初めて仕組みは機能します。

自分だけの努力ではなく、他者の評価が絡むことで、動かざるをえなくなります。

人間は放っておくと「自然」に返る

「やればできる」という便利な言葉があります。

誰しもが同じことを考えています。

しかし、放っておくと、人はラクを求めます。

「なるべく早く」を「今日までに」と解釈します。

「手が空いたら」を「完全にヒマになったら」と解釈します。

そうやって、**自分にとって都合のいいように考えてしまいがちです。**


勉強をしない。仕事をしない。

そのほうが「**自然な状態**」だからです。

勉強や仕事をするように人間の脳や体はつくられていません。

それを、「計画」や「習慣」によって変えていき、社会を形成してきたのが人類の歴史です。


自然を変え、不自然を当たり前にしてきたのです。


なぜ、私たちは集団で活動しているのでしょうか。

別に、1人1人が個人として生きていけるのであれば、組織などつくらなくてもいいはずです。

たとえば、100人いれば、そのうち10人くらいは、放っておいても頑張ります。その人たちは、精神論だけで動くことができるのです。

では、それを基準に組織を運営すべきでしょうか。「あの10人を見習って頑張らないと」と、個人を責めたほうがいいのでしょうか。

違います。

圧倒的多数である「できない人」に合わせて、仕組みを作り、全員を活かしたほうがいいのです。

そのためには、「頑張らない理由」が何なのか。人間の本質を見抜き、それを前提にした「仕組み化」が必要なのです。

「仕組み化がないチーム」のたった1つの特徴

仕組み化の大前提に、「期限を守る」ということがあります。

期限を守ることが最低限できたうえで、初めて仕組みは機能します。

「ほうれんそう（報告・連絡・相談）」をベースに、とにかく期限を守ることは徹底しないと、何もはじまりません。

たとえば、ある仕事において、締切を設定したとしましょう。

その見積りが甘く、締切に遅れそうなことが前もってわかるのであれば、それは速やかに、

「作業量が多く発生しているので、締切を変更させてください」

と、部下から報告がされないといけません。

そういったコミュニケーションが、仕組み化の前提にあることを押さえておきましょう。

「責任」があれば、「忘れていた」はなくなる

では、あなたの組織に、その習慣が浸透しているでしょうか。

それを確かめるためには、

「すみません、忘れていました」

という言い訳が許されるかどうかでわかります。

自分が言ったり、部下が言ったり、上司が言ったり……。シチュエーションはさまざまあると思います。

「忘れていました」が言える環境になっているのであれば、仕組みは機能しません。

締切が存在しない仕事はありえません。締切のない仕事は、ただの趣味です。

「あの件って、どうなった？」

「すみません、忘れていました」

そういう会話が当たり前のように成立するのはマズい状態です。

まず、**責任者の役割が決まっていない可能性があります**。

どんな仕事であっても、構造は同じです。

チームや個人の目標があり、それぞれがタスクを分担し、締切を設定し、ホウレンソウ（報告・連絡・相談）をしながら、全員で前に進めていく。

それしかありません。

部下が任された仕事をやる。それを進める上で、上司に報告をする。

「なぜ、早く言わなかったの？」

「すみません、言える雰囲気じゃなかったからです……」

というコミュニケーションがあるときは改善の余地ありです。

このケースは「心理的安全性」の文脈で語られがちですが、それ以前の話です。


「気合いで覚えておきます」

「次からは忘れません」


というだけの対応は、解決になりません。


上司から部下に仕事を指示する場合は、同時に必ず、

「○月○日の17時までに仕上げてください」

と、期限を決めるようにします。

また、その日の17時になって、

「すみません、間に合いませんでした」

という報告にならないために、

「間に合わないことがわかったら、その時点で必ず期限が来る前に知らせてください。そのときに、『いつだったら間に合いそうか』の見積りも立てて報告するように」


と、部下に伝えるようにします。

そうやって、**締切が絶対であることを徹底します**。

それにより、組織が仕組み化していく下準備が整います。

「ルール無視」がチームを壊す瞬間

プロの登山家は、

「太陽がてっぺんに来るまでに頂上に着かなければ、その場で引き返す」

などという判断が、キッパリとできるそうです。

「あと少しで着きそうなのに」

「せっかく来たのにもったいない」

そういう個人の感情があるので、それを、「仕組み」によって割り切らせます。

この判断が、素人にはできません。

判断の責任を果たす人がいないと、どうなるでしょう。

多数決や空気感で、「まあ、いけるでしょ」となります。

精神論でルールを無視してしまうのです。

その結果、午後に天候が急変し、日が暮れ、遭難《そうなん》事故が起こるかもしれません。

万が一、被害者が出てしまったときに、「みんなで決めたから」と、全員で言い訳をして責任逃れをするのでしょうか。

多くの仕事では人の生死にまで関わりませんが、これと同じです。

なあなあで決めるのは、素人の集まりでもできることです。

プロは、ルールを決め、線引きをして、仕組みを守り切ります。

だからこそ、人の上に立てるのです。

「属人化」ほど怖いものはない

「仕組み化」の反対は、**「属人化《ぞくじんか》」**です。

属人化とは、その人にしかできない業務が存在してしまっている状態です。

たとえば、仕事ができる人は、「できない人」の気持ちがわかりません。

何を隠そう、昔の私はそのタイプでした。

識学を知る前までは、「部下側の能力」に問題があり、「会社側の仕組み」に原因はないと思い込んでいました。

しかし、チームのメンバーが成長しなかったのは、組織を運営している管理職や経営者に100%責任があるという事実に気づいてしまったのです。

もちろん、それまでの私は、部下の成長を止めようと思って日々を過ごしたわけではありません。

自分なりに必死で、部下にも成長してほしいと思い、「よかれ」と信じていた行動が間違っていたのです。

世の中の経営者や管理職は、きっと当時の私と同じような勘違いをしていると思い、世の中に識学を広げるべきだと、2013年に独立をし、株式会社識学をつくりました。

「属人化」の誘惑に負けるリーダーの末路

人は、放っておくと、「属人化」します。

それは、本能だからです。

48ページで述べたように、自然な状態なのです。

自分が活躍し、他の人が追いつけない状況をつくったほうが、個人はトクをします。

「はじめに」では、スキルを囲い込むプレーヤーの例を紹介しました。
管理職の中でも似たようなことが起こります。

たとえば、10人の営業を束ねているマネジャーがいるとしましょう。
そのチームで売上を達成することが、マネジャーの役割です。
社内のルールで、「飛び込み営業は禁止」にしているとしましょう。
しかし、そのマネジャーが治外法権をしてしまうのです。

「社内のルールでは禁止になっているが、売上目標を大きく上回るために、飛び込み営業をＯＫとします」

などと伝え、独自のマニュアルを用意してしまいます。
ここまで大胆ではなくても、各個人に「上には内緒でいいからさ」と、小さいレベルで組織に背くことぐらいはあるのではないでしょうか。

そうやって、**メンバーを囲い込むのも、放っておくとやってしまう「属人化」の悪い例**です。

度々、食品偽装がニュースになりますが、それは、こうしたマネジャーの属人化した管理がエスカレートしてしまったからです。

その後、良心の呵責《かしゃく》に堪《た》えかねたメンバーによる「密告」によって、それが判明し、「責任をとって辞める」「会社の信頼を下げる」という末路を迎えるのです。

「属人化を壊す」という覚悟を持つ

マネジャーは、属人化を壊す存在でないといけません。

自然状態になるプレーヤーを、仕組み化する立場です。

数字で管理する。

ルールを決める。

すべて、自然に逆らって社会を形成することが前提になっています。
これを否定する人もいるでしょう。
「成長しなくてもいい」と決めている人です。
そういう人は、人の上に立ってはいけないのです。
自然状態を認めるマネジャーは、一見、優しいように見えるかもしれません。
しかし、個人や会社の成長を止めている存在です。
優しさの裏側は、残酷《ざんこく》です。
何も言わない人は、優しいからではありません。
見捨てているのです。

その結果、プレーヤーは自然状態になり、マネジャーは既得権益を享受《きょうじゅ》します。
それを食い止めるための「仕組み」が必要なのです。
詳しくは、1章から説明していきましょう。

属人化の「リスク」を知っておこう

仕組み化がなく、人に依存する組織があります。

「ウチの会社は、優秀な人が集まっている」

その瞬間は、別にいいかもしれません。

しかし、その中で特に優秀な人が辞めたらどうなるでしょうか。

1人が辞めることでガクッと売上が落ち込んでしまうでしょう。

「優秀な人」がいることが、「優秀な組織」であることとイコールではありません。

むしろ、逆です。

「優秀な人が不在でも、チームとして機能することで勝てる組織」

それが、優秀な組織です。

普通の人の集まりでも、「当たり前のこと」をやれば勝てます。

もしいま、1人の社員にオペレーションが依存している状態にあるのであれば、その状況は変えないといけません。

その人が退職するとオペレーションが回らなくなってしまう、という状況はマズいのです。


ある業務が、1人部署でおこなわれていて、その人が休んだりすると、誰も業務がわからなくて、休みが明けるのを待つ……。

そんなことがないでしょうか。


属人化はリスクです。

一時的にうまくいっていても、やがて停滞《ていたい》します。


たとえば、会社の営業成績で考えましょう。

初年度に、営業の全員の順位が出ます。

その後、2~3年後も、同じ順位のままだったとしたら、その組織はマズい。

最初は下位グループだったのに、努力によってトップにまで上り詰めたり、逆に、最初は優秀でもサボると追い抜かれたりしていく。

本来であれば、それが組織として、きちんと機能している証拠です。

しかし、それが起こらないとなると、**組織が属人化に陥っている状態**です。

組織側の「仕組み」の問題と考えざるをえません。

「カリスマ的存在」に注意せよ

属人化が起こりやすいのには、ワケがあります。

それは、個人にフォーカスするとわかると思います。

「自分が辞めたら会社は困るだろう」

そういうポジションを得ることは、単純に気持ちいいことです。

本書の冒頭で述べたように、**この言葉は麻薬です**。

その人の存在意義になってしまい、しがみつこうとします。


「カリスマ」という言葉があります。

これは果たして、いい言葉なのでしょうか。

カリスマ性は消えていくのが理想です。

識学が理想とする「完璧な組織」では、カリスマが存在しません。

会社名は有名なのに、その会社の象徴的な人物が思い浮かばないような企業がありますよね。

それがまさに、いい組織です。

逆に、カリスマ的な人がすぐに思い浮かぶような会社は、組織としては未熟な状態です。

特に、**経営者ではない「カリスマ的な名物社員」がいる組織は、要注意です**。

カリスマがいる組織では、カリスマが自分の権限以上の力を持っています。

カリスマ不在の組織では、優秀な人もみんな謙虚《けんきょ》です。

なぜなら、仕組みのおかげで活躍できていることに気づかされるからです。

さて、私自身、識学の創業者としてメディアに出演したりします。

経営者として、「識学の認知度を高める」。その役割を果たしています。

会社では、トップのカリスマ性によって、短期的に組織を牽引《けんいん》していく力が働きます。

そのフェーズでは、カリスマ性は機能する。

しかし、徐々に会社が成長していくにつれて、そのカリスマ性が薄れていくのが理想です。

ここからさらに組織を大きくするためには、カリスマ性がフェードアウトしていかなくてはいけません。

その話については、終章であらためて触れようと思います。

「とにかく仕組み化」のための5つの考え方

ここまでの話を整理すると、次の2点に集約されます。

「性弱説を前提に考えたほうがいい」
「組織は放っておくと属人化していく」

この2点を押さえて、とにかく仕組み化することを考えるようにしていくのが、本書の目的です。

そのための流れを簡単に紹介しておきましょう。

ステップ1「責任と権限」を手に入れる（第1章）
↓　決めたことを守り切るようにすること
ステップ2「危機感」を利用する（第2章）
↓　正しい恐怖を感じ続けるようにすること
ステップ3「比較と平等」に気をつける（第3章）
↓　正しく人と比べる環境を整えること
ステップ4「企業理念」を再認識する（第4章）
↓　自分がどこに向かっているかを迷わないこと
ステップ5「進行感」を感じる（第5章）
↓　他者と共に大きなことを成し遂げること

以上の5つで、仕組み化のことを考えるようにしていきます。

これは、**人の上に立つにつれて必要になってくる概念**でもあります。

組織において役職がより上のポジションの人にとって重要になります。

とはいえ、「仕事ができる人」は、ゆくゆく自分が進む道を知っておくことができるでしょう。

「全員の納得」という呪縛から逃れる

さて、新しい仕組みを取り入れるとき、必ず反発は起こります。

政治でも、100%全員が満足できる政策はありません。

どこかで「線引き」が必要になります。

会社での判断軸は、1つです。

「**ちゃんと成長したい人が成長できるかどうか**」

それだけです。

長く働き、既得権益を持っている人は、ルールが「曖昧《あいまい》」なほうが都合がいいはずです。組織が変わらないほうが居心地がいい。

そこにメスを入れるのが、人の上に立つ人がやるべきことです。

成長を諦めた人たちもいるかもしれません。

そういう人たちからの反発に負けないでください。

活躍する人が辞めるような組織にしないでください。

『ビジョナリーカンパニー』という名著に、「誰をバスに乗せるか」というテーマがあります。

メンバーを決めて、バスはとりあえず進みます。

そして、次がポイントです。

「**不適切な人にはバスを降りてもらう**」というのです。

乗せた全員が納得する目的地を決めることは不可能です。

バスが前に進むにつれて、降りなければいけない人が出てくることは、仕方のないことなのです。

「**ここにいれば成長できる**」という、意欲の高い人が残り続けるようにする。

その判断を間違えないようにしましょう。

ビジョンやパーパスも、「仕組み」である

いわゆる、「ミッション、ビジョン、パーパス」など、組織に必要な概念には、どんどん新しいものが現れます。

しかし、本質は変わりません。

組織における価値観は当然あります。

それは、本書の後半で述べるように「企業理念」に紐づきます。

そういった、**抽象度の高いことを考えることと、今日一日にやる仕事のことは、いったん切り離して考えるべきです。**

もちろん向かっている方向性が同じであることは大前提です。

それを理解するために、本書の1章から順に5章までを読んでいってください。

きっと、後半の「企業理念」や「進行感」の意味が深く浸透するはずです。


まずは今日一日の行動を、ルールに従って進める。

そのための「仕組み」をつくることからはじめましょう。

何かにつけて、ビジョンやパーパスを持ち出して、「**いま、やる気の起こらない言い訳**」「**目の前のことから目を背ける理由**」**にするのはやめましょう**。


序章の最後に、「属人化」から「仕組み化」に、頭を切り替える質問を用意しました。

判断に迷ったとき、ここに立ち返り、自問自答するようにしてください。

きっと、あなたの仕事の支えになります。

とにかく「仕組み」へと頭を切り替える質問

質問1
「頑張れ」を多用していないか？

部下や同僚などで、仕事ができていない人に向かって、「もっと頑張れよ」と言ってしまったり、心の中で思ってしまったりしていないでしょうか。

つねにルールを疑いましょう。

どんな仕事でも、他者の監視の目を入れて初めてルールは機能します。

「この仕事が好きだったら、ちゃんとできないとおかしい」

などと言っても、主体性がある一部の人しか動きません。

ルールがあり、他者からの評価というメリットがあるから、人は動くのです。

質問2　「締切」を設定しているか？

「あの件って、どうなった？」という確認があるような状態はマズいです。

どんな仕事であっても、目標があり、タスクを分け、締切を設定し、ホウレンソウ（報告・連絡・相談）をしながら、全員で前に進めていく必要があります。

「次からは忘れません」と反省することは、何の解決にもなりません。

「○日までに終わらせる」

「○時までに報告をする」

というように、締切を設定しましょう。

それが決められていない仕事は、仕事ではありません。

質問3
「ここだけのルール」を許していないか？

どんなに些細なことであっても、

「上には内緒でいいから」

「ここだけの話にしておくから」

と、組織に背いてルール設定がおこなわれることは避けましょう。

1人の課長が、

「うちの部長はダメだよね〜」

と、部下を囲い込んでしまうと、一気にその組織は脆《もろ》くなります。

組織の中にいる一員として、歯車であることを再認識してください。

質問4
あなたの仕事を誰かが「引き継ぎ」できるか？

あなたが休みになったとき、仕事が滞らないでしょうか。

「休みの日でもメール対応できるから」

という状況は、属人化を生みます。

いざというときに、他の人が引き継げるように、「マニュアル」をつくっておくことです。

「何をすればいいのか」を言葉にしておくのです。

それができるということは、「人に教えることができる」ということですし、部下を育てたり、チームをつくったり、仕組みが整えられるということ。

その一歩目として、自分の仕事を「引き継げるようにしておく」ということは、とても重要です。

同じように、部下の仕事も、引き継げるようにしておくことです。

誰が退職してもいいようにしておくのは、リスクを回避する上で大事なことです。

つい、後回しにしてしまいがちですが、最初に取り組みましょう。

質問5
「全員の納得」を得ようとしていないか？

新しい仕組みを取り入れるとき、必ず反発は起こります。

既得権益を持っている人は、ルールを曖昧にしておきたいものです。成長を諦めた人たちも、頑張らない理由を欲しがっています。

そういう人たちからの反発に負けないようにしましょう。

そのためには、

「成長したい人のために決断をする」

というスタンスを貫くことです。そこでブレないようにしてください。

以上が、序章を振り返る質問です。今後、読み進めていて迷ったときも、ここに立ち返るようにしてみてください。

第1章

正しく線を引く

――「責任と権限」

あなたは「部屋探し」をしたことがありますか。

まず、部屋を探すときは、家賃の上限を決め、そこから、条件を選んでいきます。

お風呂とトイレは別がいいのか。駅からの近さをとるか、部屋の広さをとるか。

そうして最終的に、「ここに住みます」と、1つの部屋を決めます。

優先順位をつけて、満たせなかった条件は諦めます。


この当たり前のことが、仕事になった途端、できなくなります。どれも満たしたい。責任をとりたくない。だから、決めることをやめます。

「5つくらいの候補を残したまま、明日からとりあえず野宿をします」

そんな部屋選びをしているような仕事の進め方をしているのです。

決めることから逃れるのは、これと同じ状況です。

そのおかしな実態から、見ていきましょう。

「自分で決めること」をやめた人たち

「属人化」ではなく「仕組み化」に頭を切り替える。
これが序章での話でした。
そのために、**人の上に立つ人は、ルールを決める責任があります。**
ただ、そう言うと、1つの勘違いを生みます。それは、
「権力を握ることは悪いことではないのか？」
という誤解です。

政治や戦争のイメージが先行して、「権力＝悪」と結びつけてしまいがちです。

しかし、人が権力を持つことは、別に悪いことではありません。

権力とは、**権利を持つことが許された人が、それを正しく行使する**ということです。

まずは、その考えを認識しておく必要があります。役職に応じて決裁ができる仕組みは、組織において大事な機能です。

「いい権利」と「悪い権利」がある

ただし、「**いい権利**」と「**悪い権利**」を分けて考えなくてはいけません。

その権利が「いい権利」であることには、ある「条件」があります。

それは、その権利の範囲が「**文章として明確になっているかどうか**」です。

誰に聞いても、「それは部長が決めることだ」と、全員一致で言えることが大事です。

そのように「いい権利」を与えられた状態を、識学では、「**権限がある**」と定義しています。

では、「悪い権利」とは何でしょうか。

これは、「**文章として明確になっていない曖昧な権利**」のことを指します。

よく、「**既得権益**」という言葉が使われます。

「いちばん先輩であるAさんに話を通さないといけない」

「本当はメンバー全員が前もって納得しておかないといけない」

など、明文化されていない裏のルールが、あなたの会社にもあるのではないでしょうか。

権利を持っていないのに、持っているように振る舞う。

そんな陰の実力者が、どんな職場にもいます。

そこまでわかりやすくなくても、多かれ少なかれ、「**見えない決まりごと**」が組織にはあります。

そして、これがもっともトラブルを生む原因と言っても過言ではありません。

なぜなら、その「悪い権利」があることによって、認識のズレが生じて、**人によって言うことが違ってきてしまう**からです。

これは、ある小さなＩＴ企業で起こったトラブルです。

そこでは、新入社員が自分の仕事を覚え、上司への確認をとり、新しい顧客を獲得してきました。

すると、「そんなの聞いてない」と、ベテラン社員から不満が出たそうです。

新入社員「上司には了承を得ました」

ベテラン「いや、その業界の顧客は私が前に担当していた。だから話を通さないと」

新入社員「そんなこと、どこにも書いてないですよね？」

ベテラン「書かなくても、それくらい雰囲気でわかるでしょ？」

こうしたやりとりが多発し、その新人は、早々に会社を去りました。

これに似た例は、会社組織で数多く発生しています。

もし、ベテランの先輩に話を通すべきなのであれば、上司がそう伝えなければなりません。新入社員や中途社員に、上司から自分の言葉で説明する責任があります。あるいは、**上司が「そのルールはおかしい」と判断するのなら、「悪い権利」として潰さないといけません。**

いずれにせよ、「責任をとって決めていない」ということが原因です。

「既得権益」を壊すための仕組み

先ほどの例では、年上や社歴が長いということだけで、ある特定の人が、責任以上の権利を持ってしまっています。

つまり、「悪い権利」であり、「既得権益」と化している状態です。

そのベテラン社員が権利を持っていたとしても、何か問題が生じたときに、責任をとれません。

「私は関係ありません。その新入社員の上司の責任です」と、言い逃れができてしまいます。

こうした状況をなくしていくのが、人の上に立つ人の役割です。

先ほどの例であれば、上司がキッパリと、

「**私が許可したので、問題ありません**」

とベテラン社員に伝え、新入社員を守らないといけません。

そして、全社員に向けて、

「**上司が許可したなら、他の社員に前もって了承をもらう必要はありません**」

と、明文化して伝えるのです。

もし、ベテラン社員を尊重したほうがチームのためだと判断したのであれば、

「ただし、新しく業界を開拓するときに、前の担当が社内にいるのであれば、その人に事前に話を通すように」

と追記して、ルールを決めればいい。こうすると、部下は迷いません。

そうやって既得権益を壊すために、「仕組み」で解決することができるのです。

「線を引く」をやる。線は書き換えていい

前項のように、自分の責任に応じて「意思決定」をすることが、人の上に立つ人には求められます。

たとえば、次のような2つの意見が出るとしましょう。

「みんな話を聞いていません。スマホを置いてから会議に臨み、ちゃんと話に集中すべきです」

「発表者の発言には不確かな情報があることが多いです。なので、スマホで調べながら聞き、全員でデータを補強すべきです」

さて、あなたならどうするでしょうか。

どちらが正解かは、場合によって異なります。

その会議において、

「話を聞くことが優先事項なのか」

「情報の正しさが優先事項なのか」

どちらかでハッキリと線引きをします。

よくあるのが、線引きを曖昧にして、

「じゃあ、Cさんだけスマホを持ち込んでOKです」

と、例外をつくることです。

優しい人は、全員を納得させようとして、ここでブレます。


意思決定をして線引きをする。

それを守っていない人には、きちんと指摘する。

新しく入った新入社員や中途社員にも伝える。

明文化して、「言った・言わない」の問題を起こさない。

それが責任を果たすということです。

その負担に対して、マネジャーやリーダーとしての給料が支払われているのを自覚しないといけないのです。

過去の決まりも、「私」を主語にして伝える

この話をすると、「命令はよくない」と反発されます。

たしかに、メンバーからの情報に耳を傾けず、好き嫌いや過去の経験で決めることは許されません。

しかし、**情報を仕入れて、その上で「意思決定をする」のであれば、それは正しい。**

そこに「責任」があるからです。

その後、その責任者がいなくなれば、次の人が決めればいい。

先ほどの「スマホ持ち込みのルール」が問題だと思うのであれば、責任者になったときに変えればいいのです。

ただし、責任者が不在になっても、ルールだけが残れば、それは**「形骸化したルール」**になります。

それは、見直すべきです。

過去に決まったことを、その意図もわからず引き継いだり、「昔からの決まりだから」と、リーダーが口にするのは、よくありません。

昔からのルールを検討して、今も必要だと考えるならば、

「今も必要なルールです。私がそう判断しました」

と、堂々と伝えればいい。

おかしな部分があるなら、変えればいい。

人の上に立つなら、主語は絶対に「私」であるべきです。

過去の決まりを思考停止して続けることは、責任を果たしていないのです。

「文句」ではなく、「事実」をベースに

ルールを変えるときに、

「朝令暮改と思われたくない」

という心理的な葛藤が生まれるはずです。

そこと折り合いをつけるのも、人の上に立つ人の責任です。

仕事における正解はつねに変わります。だったら、ルールも変えなければいけません。

その際、**「ルールを変える人」を責めてはいけない**ということです。

人の上に立つ人だけでなく、下にいる人も、「仕組み」を責めましょう。

ルール変更を伝える場合も、「このルールはおかしい」と、不満だけを言わないようにします。

「このルールがあることによって、現場の作業に30分ほど時間がかかりすぎています」と、**事実を伝え、判断をあおぐようにしましょう。**

問題意識を持つことは悪いことではありません。

仕組みでルールを運営すべきなのです。

「不満で仲良くなること」からは、もう卒業しよう

正しく情報を上にあげ、上の判断に従う。

そういう人は、**いずれ人の上に立つようになります。**

組織は、その順番で成り立っています。

ただ黙って我慢しろということではありません。

情報はどんどんあげればいい。

あくまで事実を伝え、それぞれの役割を果たしましょう。


この仕組みを理解できない人は、つねに文句を言います。

責任を果たしているリーダーや管理職に対してまでも、不満を言います。

そういう人に限って、文句をエサに仲間をつくり、つるみます。**責任から逃れる、もっとも人の弱い部分**だと思います。


そういう誘惑から線引きするのも、必要なことです。

仕組みをつくる側に回ってください。

本書を読んでいるあなたなら、できるはずです。

仕組みに立ち返れば、どんどん「新しいこと」ができる

人の上に立つためには、「現場からの情報」を判断することが大事です。自分の責任のもと、与えられた権限の中で、線を引いて決めるということです。その仕組みがあるから、1人1人、やることが明確になって動けるようになります。**線があるから、その内側が安全になります**。

メリットがあるから「人とつながる」

部署を横断して何かに取り組むときも同じです。

これは、あるメーカー企業の営業の話です。

自分の部署の商品を扱うのは、当然のことです。

ただ、その営業先で他部署が扱う商品が売れそうなときがあります。

そのときに、次のような2つの考えが浮かぶはずです。

「自分には何のメリットもないから、まあいいか」

「会社全体の売上につながるから、対応したほうがいいかもな」

そういう葛藤です。

その人は、必ず後者の考えを採用し、他部署に紹介してつなげているそうです。

なぜなら、その後、**商談が成立したら、最初に紹介した人にもポイントが与えられる**からです。

そのように、他部署にトスをあげる人がいたなら、それをポイント化して評価に組み入れるのです。

そういう仕組みがあると、社員はどのように日々を過ごすでしょうか。
自分の扱う商品だけでなく、自社の商品すべてに精通しようとするかもしれません。
仕組みがあるから、人は動き、部署を超えてつながるのです。

もし、これが精神論によって、

「自分の会社の商品にはすべて詳しくなるべきだ」
「部署を横断してコミュニケーションをとりなさい」
「愛社精神があればできるはずだ」

などと言われても、主体性がある一部の人しか動かないでしょう。
仕組みがあり、メリットがあるから、人は動くのです。

属人化に甘える組織

そもそも部署に分かれていることを疑問視する人もいます。

しかし、部署に分かれて自分の役割が明確になるから、仕事に集中できるのです。

タテ割りが基本です。

そこでよくない問題が起こっているなら、横断する仕組みで解決するしかありません。

部署を超えて新プロジェクトを起こす場合も同じです。

そこでの責任者を新しく立て、新たなピラミッド組織の形をつくります。

構造は、同じです。

フラットな状態のほうがスピードが速くなりそうな錯覚がありますが、実際は違います。

うまく動ける一部の人にとって進めやすくなるだけです。

まさに「属人化」の状態です。

本当に大事なのは、どんな人も活かすことです。

そのために、組織としての仕組みを整え、動けるようにするのです。

「いい人」だからやるわけではない。

「積極性がある」からやるわけでもない。

その人の本来の性格に組織が頼ってしまうのは、いい状態ではありません。

組織は、つい、属人化を放置してしまいます。

率先して人がやらないような仕事をやってくれる人が、あなたの職場にもいると思います。

その存在に甘えているのです。

最終的に、そういう人は「自分だけ損をしている」と感じ、その組織を去るでしょう。

そうなることは仕組みで回避しないといけないのです。

誰に責任があり、誰が何をするのか。

それを最初に仕組みとして決めます。

すると、どんどん新しいことができるようになります。

社内での新規事業や新プロジェクトは、そのようにして生み出されるべきなのです。

「任せる」の本質的な意味

「リーダーは部下に仕事を任せなさい」


この言葉が一人歩きしています。どんどん任せればいいと勘違いしています。

それは、**ただの「無責任」です**。

「任せる」という言葉を属人化の文脈で使っているのです。

本来の「任せる」は、まったく違います。

「任せる」とは、明文化した責任と権限を与えることです。

「何をしなければいけないか」「そのために何をやっていいか」

その線引きをするのです。

それを示さないまま、属人化させる意味で、「あとは任せた」と丸投げするリーダーやマネジャーは最悪なのです。

「責任」によって、人はリーダーになっていく

ここまでの内容を押さえて、初めてこの言葉を使います。

「責任感」です。

この言葉はよく間違って使われるので、取扱注意です。

「あの人は責任感のある人だ」と、生まれ持った性質かのように、「属人化」の意味として言われることが多いでしょう。

しかし、ここまで読んできた人なら、その言葉の問題点がわかるはずです。

明文化したルールを守り、仕組みを運営すること。

そのルールのもとで、仕事を進めたり、部下を守ったり、上司に情報を伝えたりすること。

そのように「**責任を果たすこと」は、全員ができることです**。

「責任感のある・なし」で語られるものではありません。

責任の意味を正しく捉えれば、全員が「責任感のある人」であって当然なのです。

「上司は1人」の深いワケ

たとえば、あなたが開発部長であれば、「部全体の数字の責任」を負っている立場であることを認識するでしょう。

開発部長の部下の課長は、「現場での数字」に責任を負っている立場です。

だから、開発部長が直接現場に指示をしてしまうことは、「責任感のある行動」ではありません。

それをすると、現場の社員が、誰が上司かわからなくなります。

誰からの評価を得なければいけないのか、誰からの指示を実行しなくてはいけないのかに勘違いを起こします。

課長は、課の数字に対してしっかりと責任を持っています。

そしてさらに社員は、課長から設定された目標の達成に集中する。

自分はどういう責任を持っていて、そして誰からの評価を得なければいけない存在なのかを正しく認識します。


ここで大事なポイントは、「**上司は1人である**」ということです。

1人だから部下は迷いません。

でも、1人だと、「評価が属人化するのでは？」と思うかもしれません。

だからこそ、明文化がセットなのです。

どういう責任を持ち、何をすれば評価されるのか。

客観的に誰が見てもわかるように、ちゃんと文章にして共有するのです。

「責任」と「権限」の関係について

上司が1人であれば、責任を果たせます。

評価を得るために何をしなくてはいけないのかが、「責任を果たす」ということだからです。

そのために獲得するのが、80ページで「いい権利」として定義した「**権限**」です。

権限とは、「自分が自由に動ける範囲」が明文化されているということです。

「自分がどのエリアで売ればいいのか」

「どういう手法をとっていいのか。逆に、何がダメなのか」

その線引きの中で、自由に自分で決めるのです。

逆に言うと、マネジャーは、「権限がしっかり足りている状態をつくらなくてはいけない」ということです。

なので、部下には、

「もし、この責任を果たす上で自分の権限が足りないと感じたら、そのことを報告してください」

と伝えておく必要があります。

部下には、責任を果たせなかったときに、あとから、

「権限が足りなかったから無理でした」

という言い訳が通用しないことを伝えておくのです。

そういう仕組みを整えておくと、部下からどんどん「権限の獲得」の相談や報告があがってきます。

こうなると、組織は非常にいい状態です。

それを上司が判断して決めることになります。

90ページの「部下からの情報」と同じですね。

たとえば、新規開拓として、「静岡市で営業売上2000万円を達成する」という目標を与えられたとします。

ゼロから新しく開拓するので、認知度を広げるために、

「広告費100万円の予算を付けてほしい」

という権限を要求します。

そして、静岡市で影響力のあるラジオ番組を調べ上げる、などの施策ができます。

こうやって、**仕事を進める上での「責任」と「権限」の認識にズレがない状態**をつくります。

こうしたマネジメントをすれば、部下にとっても、次のポストでやるべきことが明確になり、より具体的なキャリアを描けるというメリットにもなります。

「能力」よりも「機会」が先にある

ここまで読んで、「そんなことできそうにない」と感じた人もいるかもしれません。
しかし、きちんと実践すれば、「希望しかない」と私は思うのです。
ここで1つ質問です。

すでにマネジメント能力のある人が、人の上に立つのでしょうか。
それとも、人の上に立ってから、マネジメント能力が身につくのでしょうか。

答えは、後者です。

リーダーに任命して、「責任」と「権限」を与えて育てる。

その順番です。

というのも、プレーヤー時代にリーダーとして能力があるかどうかは、正直わからないからです。

新卒の社員を面接で見抜くのと同じで、**あくまで機会を与えるのみ。**

プレーヤー時代に、すでにマネジメント能力が備わっているなんてことはありえません。

自分で自分の「可能性」を狭めてしまう

「得意なことだけを仕事にしたい」と言う人がいます。

「自分の長所を活かしたいんです」

「この会社のほうが特技が活かせそうです」

こういう思いが強すぎる人は転職を繰り返す「ジョブホッパー」になってしまう危険性があります。

転職先や新しい部署で少しでも苦手な仕事に出くわすと、

「もっといい会社があるかも」

「これは天職じゃない」

などと思ってしまうからです。

もちろん、長所や特技を活かせるような職場に転職することを否定はしません。

一方で、**「自分の長所だけで活躍し続けられる職場」などというものはない**ということを忘れてはいけません。

立場や役割が変わると、「できない部分」や「うまくいかない部分」は必ず発生します。

「未経験なことだからやらなくてもいいよ」

「不得意なことならやらなくていいよ」

というような職場なんて、アルバイトでない限り、ほぼないでしょう。

どんな人でもできない部分やうまくいかない部分に向き合って「不足」を埋める必

要があります。

それをやるから、成長し続けられるのです。

不足をしっかりと自分で埋めて、会社から評価される。この経験がないと、どこの会社に行っても、うまくいくことはありません。


「天職がない」ということは、成長し続けられる希望なのです。

「なんでも平均的にできる人」という個性

そもそも、優秀さとは何でしょう。

生まれ持ったものでしょうか。

入社前のポテンシャルでしょうか。

転職してくる前職の実績でしょうか。

どれも違います。

優秀さとは、その組織に入ることで、いかに適応し、成長するかです。

「仕組み」によって組織に合わせていく能力です。


運動神経がいい人は、どんなスポーツも得意です。

ゴルフがうまいけど、他はぜんぜんできない。これでは、運動神経がいいことにはなりません。


ビジネスも同じです。他業界や他の職種で成功したのなら、それを他の環境でも活かせないと意味がありません。

試行錯誤してコツをつかむ。

メンバーに再現性ある方法を伝える。

これらが優秀さです。

「ソツなくこなせる。まんべんなくできる」

こういう人が、バカにされる世の中です。

「平均はよくない。個性を尖らせろ」

と言われる。

そちらのほうが残酷です。

平均も突き詰めると、個性です。

平凡な中にも、個性は滲《にじ》み出る。

そのためには、最初から「これしかしません」と決めるべきでないのです。「花形部署でないと辞めます」と決めてしまうのも、もったいない。

そんなことは、50代、60代の次のキャリアで決めればいい。

そこまでは、なんでもやってみればいいのです。

もし、やってみてダメなら、また他を試す。

それを繰り返すことができるのが、組織にいることの最大のメリットなのです。

そもそも、時代の変化のスピードが速いのですから、「適応」こそが武器になります。

どんな部署に行っても、やっていける人。

そこに価値が生まれます。

それなのに、なぜか、「管理職のようなホワイトカラーの仕事が無くなる」「なんでもできる人は淘汰《とうた》される」と言われています。

そのリスクに怯える必要はまったくないでしょう。

スキルも、ツールも、すぐに覚えて使いこなせる。

そんな人は残ります。いや、**そんな人しか残りません**。


1章の最後に、「責任と権限」について復習しておきましょう。

1章の復習

「責任と権限」を手に入れるための質問

質問1
「いい権利」と「悪い権利」を分けているか？

「そんな話、私は聞いていない」

と、権利を持っていない人が主張する場面があります。

ある特定の人が、責任以上の権利を持ってしまっているのは、「悪い権利（既得権益）」です。

本当であれば、何か問題が生じたときに「責任を取れる人」が、指示を与えたり、許可をしたりできます。

それは当然の「いい権利（権限）」です。

「上司がＯＫなら、他の社員に前もって了承をもらう必要はありません」と、明文化して伝えられるようになりましょう。

そのために、「いい権利」と「悪い権利」を分けて考えるべきです。

質問２
意思決定で「線引き」ができているか？

ルールを決める場面で、２つの意見に分かれることがあります。

その場合、どちらの案にするかを決められず、

「ＡさんはＡのルールを、ＢさんはＢのルールを」

と、個別対応にしてしまうと、後から問題が起こります。

ハッキリと線引きをして、

「Ａでいきます」

とキッパリ決めることが、人の上に立つ人には求められます。

明文化して、「言った・言わない」の問題を起こさないようにし、「これは私が決めました」と、主語を自分にして伝えましょう。

質問3
「朝令暮改」を恐れていないか？

仕事における正解はつねに変わります。

ルールを運用する上で、「他にいい案がある」「状況が変わった」などが発生した場合は、潔くルールを変えましょう。

そこで「どう思われるか」を気にする必要はありません。

質問4
「権限」を与えているか？

仕事を任せることの本質は、「何をしなければいけないか」「そのために何をやっていいか」を、きちんと明文化して伝えることです。

部下に「自分が自由に動ける範囲」を示しましょう。それが、「権限を与える」ということです。

また、部下には同時に、「もし責任を果たす上で権限が足りないと感じたら、そのことを報告してください」と伝えておく必要があります。

お互いに、「責任」と「権限」の認識にズレがない状態をつくりましょう。

以上が、1章の重要な部分を振り返る質問です。「責任と権限」の関係を押さえておきましょう。

第2章

本当の意味での怖い人

――「危機感」

お店の中で走り回っている子どもがいます。
あなたが親なら、どうしますか？
たぶん、注意するでしょう。
しかし、少し時間が経ったら、また走り回る。
その繰り返しです。
その子が求めているのは、「注目されること」です。
つまり、自分に興味を持ってほしい。話しかけてほしい。
じゃあ、やるべきことは1つです。
おとなしくしているときに、話しかけてあげるのです。
すると、走り回ることをやめました。なぜなら、もうそれをする必要がないからです。

人が本質的に何を求めているかを見抜けるようになりましょう。

「ついていきたい人」の本質とは何か

1章で紹介した「責任」と「権限」を与える方法は、マネジメントの大原則です。

「そうはいっても、ルール通りにできない」

「原則だけでは人は動いてくれない」

そういう悩みは当然出てくるでしょう。

どんな物事にも、表と裏があります。

この章では、その裏側の考え方を押さえておくのが大切です。

あなたの身近な「怖い人」とは

最初に質問があります。

「あなたの仕事人生で、『**怖い人**』はいましたか?」

少し考えてみてください。

もしかすると、

「最初の上司がパワハラぎみでした」

「いま、いつもイライラしている本部長がいます」


という答えが返ってきそうです。

ただ、ここで考えてほしいのは、そういう単純な怖さではありません。

もっと本質的なことです。

話の口調は優しいし、つねに笑顔で、腰も低くて話しかけやすい。そんな人が上司や同僚でいると、働きやすいですよね。

ただし、その人の仕事が次のようなら、どうでしょう。

「仕事で求められる基準は高い」
「中途半端な仕事では評価してくれない」
「フィードバックが的確で反省する」

そういう人が、本質的な「怖い人」です。

上司や先輩で、そのような人は周りにいなかったでしょうか。

日常生活においては優しいが、仕事となると線引きをして、明確な判断軸を持ち、厳しさを見せる。

そういう上司のもとで働くと、

「手を抜いたことを見抜かれる」
「言い訳が通じない」
「ルールを守らないと指摘される」

という指導を受けます。
基準が明確で、**誰が見ても「理不尽な部分」がありません。**
それが、ここで言いたい「怖い人」の姿です。

その代わり、部下はきちんとルールを守っている限り、何も言われることはありません。そして、いい仕事をして圧倒的な結果を出すと、正しく評価をしてくれます。

その厳しさを「**本当の優しさだ**」と部下が認識できると、一気に成長できるチャンスです。

厳しくするということは、「笑顔を見せるな」「語気を強めろ」などという低レベルの話ではないのです。

「人格否定」をしてはいけない

ただ、先ほど述べたように、「怖さ」と言うと勘違いされます。

80ページの権力の話と同じです。

怖さにおいても、「いい怖さ」と「悪い怖さ」があるのです。

「悪い怖さ」というのは、「人格否定」などをすることです。

「これができないって、いままでどんな教育を受けてきたの？」

「前も同じこと言いましたよね。頭が悪いんじゃない？」

と、精神的に追い詰めるように人を責めるから、パワハラになります。

ここでも、「仕組み化」に目を向けることが大事になります。

特に、男性同士のコミュニティで、後輩をイジるような方法でコミュニケーションをとってきた人は、この過ちを犯します。

友達との人間関係のやり方を、職場の同僚にもやってしまうのです。

たとえば、目標が未達だった部下に、

「本当にお前はダメだな〜」

という言い方で詰めます。

目標をクリアした人に対しても、

「やっとできたのかよ」

というような認め方をしてしまいます。

これは、「不器用さ」という言葉だけでは済まされません。

昭和の時代や平成初期くらいまでは許されたかもしれませんが、もう、ダメです。

強制的に変えなくてはいけません。

大企業では、マネジメント研修やハラスメント研修が実施されています。

しかし、一部の中小企業や少人数の組織では、それが放置されていると思います。

だからこそ、**本来の意味の「怖い人」を知っておかないといけない**のです。

厳しさの意味をはき違えないことです。

間違った「怖さ」と間違った「優しさ」

引き続き、「怖さ」を勘違いしているコミュニケーションについて、見ていきましょう。

「部長に呼び出されて、延々、詰められる」
「社長の説教が恒例行事になっている」

そんな会社をよく見かけます。
この根底には、「間違った優しさ」の問題が隠れています。

長い説教は「安心」を与えてしまう

長時間の説教が終わると、その人は、どういう反応をするでしょうか。心を入れ替えて、次の日から仕事に取り組むでしょうか。

「いやぁ、また部長に怒られちゃったよ～」

と、その場をしのいだ同僚たちとグチを言い合うだけで終わります。

部下は、指導をされたのではなく、**「相手にしてもらった」**のです。怒りながらも、じつは部下の言い訳を聞いてくれたりしているのです。そこに安心を感じ、無意識に**「このままでもいい」**と、存在意義を得ています。

こうした見かけの「恐怖」の裏には、**「間違った優しさ」が隠れているの**です。

だから、「また怒られた」と言いながらも、心の奥では嬉しがっています。

まさに、「属人化」でマネジメントをした結果の悪い例です。

必要な「恐怖」とは何か

本来なら、指導された後に、

「このままではまずい」

という、恐怖が本人の中に芽生えないと、意味がありません。

「怖い人になれ」と言うと、勘違いして、次のような人を想像するでしょう。

「ウチの部長には急に怒り出す謎の地雷があって、それを踏まないように部下がビクビクして過ごし、つねに機嫌を損ねないようにしています……」

そのような環境では、**「忖度《そんたく》」や「ゴマすり」が横行します。**

こういう恐怖政治は絶対にNGです。

なぜなら、**指摘されたことで「何を改善すればいいか」がわからない**からです。

「それを言われて、次はどうすればいいのだろう……」

と、部下を迷わせるような指導は、何の意味も持ちません。

逆に、本当に必要な指導をすると、次のようなことを感じるはずです。

「未達が続いて相手にされず、行動するしかなくなる」

「このまま成長しないと、会社に居場所がなくなるかもしれない」

そういう危機感が芽生えるのが、正しい指導です。

なぜなら、**次に何をすればいいかがわかっている**からです。

おそらく、「話しかけたら無視される」「会社を突然クビになる」などのリスクはないはずです。

「何かを改善しないといけない」

「自分が変わらないといけなくなる」


という、正しい恐怖が必要なのです。

それがあるから、人は成長し、変わります。

頑張る方向性がわかると、「**努力すれば恐怖から回避できる**」というように、正しく現実と向き合うようになります。

そういった「**正しい逃げ道**」とセットであることが大事です。

「書かれたこと」を指摘するだけでいい

そのためには、評価基準を明確にする「仕組み化」が効果的です。

「○○を達成すれば評価します」
「○○に未達だと評価しません」

と、「明文化されたこと」について指摘するだけです。
逆に、**「書いていないこと」で罰を与えたりしてはいけない**のです。
ルールにないことでは、絶対に厳しく指導しない。
つねに責めるのは、「仕組み」のほうです。

そうすることで、**「明文化されたルール」に価値が生まれます**。
書いてあることとの意義が強くなり、守らないといけない意識が高まるのです。

まだまだ「間違った怖さ」でマネジメントされている会社が数多くあります。

怒って気持ちよくなる社長や部長。
それに慣れて慰め合っている若手社員。

ゴマすりで会社に居場所をつくっているベテラン社員……。

そういった関係性で動く組織が最悪の状態です。

いますぐ、1章の「責任と権限」を身につけたリーダーが「仕組み化」に手を加えないといけないのです。

「危機感」を生み出す仕組みをつくる

ここまでの「怖さ」の定義を押さえた上で、人を動かすもの。

それは、「**危機感**」です。

これが本章のテーマです。危機感という言葉を、ここでは再評価しましょう。

たとえば、「追い込む」という言葉には、誤解がつきまといます。

121ページのパワハラの例のように、人を精神的に追い詰めることのように捉えられがちです。

しかし、逆です。

向かっているゴールがわかり、まわりがそれに向かって走り出している。

そこで感じる、**焦りのようなもの**です。

その焦りによって、仕事の進め方を考え直したり、実際に行動を変えたりするようになります。

そういうとき、じつは心の中に迷いはなくなり、精神的にラクな状態になれます。


遊園地のアトラクションは、「安全」とわかった中で「スリル」を味わうものです。

大きな安全の中に、小さな危機感があるイメージでしょうか。


会社にいる限り、基本的には雇用を守られている存在です。

ハラスメントもおこなってはいけない。

倒産のリスクはあるかもしれませんが、いますぐ食べていけなくなるわけではありません。

その安全の中で、できるだけ追い込む。

そんな「仕組み」が整っていることが大事です。

「距離感」「制限時間」という仕組み化

それでは、正しい危機感を持つために、実際にどのような「仕組み」をつくるべきでしょうか。

人は、会ったことのない人に「恐怖感」を持つ生き物です。

テレビの有名人も、大企業の社長も、会う前にはどんな怖い人かと思うはずです。

しかし、実際に会うと、物腰が柔らかくて、優しい人がほとんどです。

「思ったより、いい人だった」

ということがほとんどでしょう。

人間には、そういう思い込みを持つ脳のクセがあります。

それを逆手に取るといいでしょう。

ほとんど会ったことがなかったり、たまにしか会わなかったりすると、人は緊張をするのです。
そして、**頻繁に会い、仲良くなると、緊張感がなくなります。**
単純な仕組みです。

人の上に立つためには、会う回数や話す時間を意識的に減らすことが重要です。
コミュニケーションの方法を変えるのです。
まず、話を聞く回数と時間を決めておきましょう。

「打ち合わせは週1回にします」
「30分以内に終わらせましょう」

などと、あらかじめ決めるようにします。
そして、それ以上は、増やさない。話を聞きすぎない。
面倒見がいい人は、ここがブレます。
とにかく時間をかければいいと思い込んでいます。

もちろん、大きなトラブルが生じたり、部下から相談を求められたりしたときは、それに応じるべきです。そのときに、「30分以内で」などと時間を制限する必要はありません。

しかし、124ページの部長の説教のように、「話を聞いてもらった」という安心感を与えることは間違っているのです。

自分から部下の問題を拾いに行って解決しようとするスタンスはNGです。

そこに労力を割くのではなく、自分の仕事に集中すべきです。

人の上に立つ人は、「**距離感を保つ**」「**制限時間をつくる**」**という仕組み**を実践してみてください。

実際にやってみると、部下が自分で考えて結果を出すようになります。

「温かく見守る」という優しさがある

これは、私が識学の個人事業主だったときに、初めて識学を導入してくれた企業の話です。

当時、その会社の社長は、社員と仲がいい状態でした。中にいると、働きやすい会社に思えるかもしれませんが、外から見ると、緊張感がなくて身内びいきがあり、社長がナメられているように見えました。

その後、識学を導入したことで、意識的に社員と距離をとるように社長を指導しました。

すると、**ほどよく緊張感が生まれ、社員は自分の仕事に集中できるようになり、結果的に売上が伸びるようになった**のです。

それは別に、ギスギスしているというわけではありません。

「**離れたところから、温かく見守っている**」という緊張感と言えば、そのニュアンスが伝わるでしょうか。

いっけんドライな関係というのは、その奥底に「温もり」があるものです。

パッと見の印象やイメージだけで判断してしまうと、その本質を見逃してしまいます。

「ピアプレッシャー」をつくり出す

「**ピアプレッシャー**」という言葉がありますが、近くに人がいることは、シンプルに危機感を生む効果があります。

カフェや図書館では仕事がはかどり、家ではダラけてしまうのは、単純に緊張がなくなるからです。ここでも性弱説が働きます。

上司と部下の関係性であれば、「目標設定と結果の評価」が大事です。

それ以外の部分は、部下の権限によって任せます。

そのちょうどいい距離感が、部下にいいプレッシャーを与えます。

その状態をつくり出すことで、人を成長させるのです。

ぜひ仕組みとして、取り入れましょう。

「ゆるさ」は新しいブラック企業だ

ブラック企業という言葉が一般化しました。

2010年頃から使われ出した言葉で、「過重労働」や「パワハラ」が横行する会社のことを指します。

その言葉が登場したことで、働き方における問題点が浮き彫りになり、職場はみるみる改善されていきました。

「定時で上がれるようになった」

「有休が取りやすくなった」

「上司からの叱責《しっせき》がなくなった」

など、働きやすさを感じることが多くなったことでしょう。

しかし、今度は、**若者を中心に新たな不安が生まれている**そうです。

「厳しいフィードバックがなくて、成長できない」

「もっとバリバリ働きたいのに、与えられる仕事量が少ない」

「自分に負荷がなく、このままだと将来、社会で通用しなくなりそうで怖い」

そういった「**成長できないことへの不安**」を感じはじめています。

ブラック企業と呼ばれることを恐れるあまり、もっと働きたい若者たちから「成長する機会」を奪っている側面が表われているのです。

その結果、「**ゆるいブラック企業**」という新たな言葉が生まれています。

この不安はどうやって解消されるのでしょうか。

「頑張りたい」を奪われた若者たち

その一方で、**「ハードワークだけど成長できる環境」**で働く価値が増しています。

コンサル業が人気だったり、ベンチャー企業に転職する人が増えています。

なぜなら、膨大な仕事量をこなすことで、圧倒的に成長できるからです。

ここであまり体育会系的なことは言いたくありません。

ただ、40代や50代で要職に就いている人や、私の経営者の仲間たちは、口を揃《そろ》えて、

「若い頃にバリバリ働いた経験が、その後の財産になっている」

と語ります。

とはいえ、もちろん体を壊すまで働く必要はありません。

選ぶのは本人の自由です。

ただ、もっと働きたいのに、その負荷を与えられる機会が奪われてしまっているのは、やはり問題があると思わざるを得ません。

キツいブラック企業と、ゆるいブラック企業。

どちらにも共通するのは、

「明文化されていない」

「境界線が曖昧になっている」

という点です。

1章で述べたように、人の上に立つ人は、「線引き」が求められます。

この責任が果たされていないから、どちらかのブラックに偏るのです。

「書いてある通りに結果を出したのに、なぜか評価されない」

「書いてあるような結果を出していないのに、なぜか評価される」

前者が境界線のない「キツいブラック企業」。
後者が境界線のない「ゆるいブラック企業」。
どちらも構造は同じです。
必要以上に許されなかったり、必要以上に許されたりする。
また、属人化によって評価に個人差が生まれたりもする。
だから、きちんと成長したい若い人が納得できず、辞めていくのです。

「転勤」を受け入れた新入社員の姿

ここで1つ、私の会社でのエピソードをお伝えしたいと思います。
新卒採用で入社した新入社員を福島県の子会社に配属したことがあります。
そこで、広告営業を任せました。

本人たちは、東京での配属を望んでいました。

ただ、当時、どうしても福島での人手が足りず、その辞令を出すことにしました。

すると、彼らは、どうしたでしょうか。

その辞令をすんなりと受け入れて、福島へと行ってくれました。

そして、ちゃんと結果を出したのです。

3ヶ月後、その結果によって福島での体制は整ったため、東京での勤務を命じました。

その頃には、「**まだ福島で働きたかった**」と口にするほどに、大きく成長したのです。

もしかすると「地方への転勤」と聞いて、それだけで「ブラック企業だ」と言い出す人がいるかもしれません。

いまの日本は、そんな世の中です。

ただ、「**配属先がどこになるかは会社が決める**」と、就業規則に書いてあります。

これを理不尽と捉える人は、成長しないままダラダラと適当にやり過ごすことになります。

もしくは、不満を口にして会社を去るのでしょう。

一方で、**自分の機能を果たそうとする人は、チャンスだと捉えて、何かを学び取ろうとします**。その結果、早く成長することができ、次のステップへと移れるのです。

「花形部署」だけが会社のすべてではない

多くの会社では、「花形部署」と呼ばれる部署があります。

テレビ局に入れば、番組制作をしたいでしょうし、メーカーに入れば、商品企画をしたいと思います。

それは仕方のないことです。

ただし、**会社はその部署だけでは成り立ちません**。

長いキャリアをつくるうえで、いつか花形部署に行けるチャンスは巡ってきます。

それは、**任された責任を負える人**だからです。

部署異動に文句を言って、最初の配属先で頑張らない人には、そのチャンスも巡ってきません。

先ほどの地方転勤を受け入れたのは、会社が明文化しているからです。どこまでを会社が決めて、どこからが自分で決められるのか。その線引きをちゃんと示しています。

そして、それを受け入れた人から順に、成長します。

さらに、そのチャンスをつかみとった人が、今度は人の上に立ち、仕組みをつくる側に回ります。

ぜひ、先ほどの新入社員の例を知っていただき、あなた自身が組織に貢献できる人になるか、人の上に立ち、そういう人を生み出してほしいと思います。

「危機感」の先に待っているもの

ここまで、「危機感」について、正しい認識をしてもらうために説明をしてきました。

すると、

「絶対に危機感は持ちたくない」

「成長なんてしたくない」

と思う人もいることでしょう。

先ほどの転勤の例を受け入れられない人もいるかもしれません。

もちろん個人の働き方の問題なので、

「転勤がない一般職コースを選ぶ」

「パートやアルバイトを選ぶ」

という道だってあります。

その代わり、総合職での社員に比べて待遇が良くないことや、責任の大きな仕事は任されることがないのは、ご承知の通りでしょう。

世の中には、「トレードオフ（両立できない関係性）」があるのです。

「高い給料を得たいし、社会人として成長したい。けれど、責任はとりたくないし、希望しない会社の命令は理不尽だ」

そんな都合のいいことはありません。

何かを選べば、何かを失う。その「仕組み」からは逃れられないのです。

「絶妙な危機感」を与える人になる

人の上に立つ人は、相手に「絶妙な危機感」を与え続けることができます。

そのコツは、「**少し高めの目標をつねに設定する**」ということです。

これも、ちゃんと説明をしないと誤解する人がいます。

「とにかく高い目標を立てればいい」と思い込んでしまうのです。


「来年は個人の売上を10倍にしてください」

「言われたことの100倍の努力をしてください」


そうやって、絶対に達成できない目標を設定してしまう。


また、プレーヤー自身が自分で自分に無理な目標を設定する場合もあります。

「来年は売上を10倍にしてみせます！」

と、やる気をアピールしてみせるような人が、社内にいないでしょうか。

これは、**勢いだけを見せて、その場をしのぐだけの行為です**。

この部下の発言を聞いて、

「よし、いいぞ、頑張れ！」

と認めてしまう上司もいます。

マネジメントにおいて、絶対にNGです。

なぜなら、その応援は「**未達の承認**」になってしまうからです。

目標を立てた段階から、いきなり「達成しなくてもOKです」と認めてしまっているのです。

たとえば、一人前のプレーヤーとして、最終的には、「売上1億円」という高い目標をクリアすることを目指してほしいとしましょう。

そのためには、毎週、毎月、毎年、**1つ1つ階段をあがっていくような目標設定**をすべきです。

どんなに運動神経が優れている人も、急すぎる坂は絶対に上がれません。

しかし、階段をあがるように、徐々に目的地を目指していけば、**気づいたときには頂上に辿《たど》り着いています**。

これが真理です。

仕事に限らず、どんなものでも同じことが言えます。

そのためには、一歩一歩、階段をあがるときの絶妙な「**負荷**」を与え続けることです。

そのための「いい緊張感」です。

「少し頑張ればいける。あともう一踏ん張りでできる」

これをキャリア形成として長く続けていくことです。

そうやって、個人の目標を達成していけば、次は人の上に立つ番がくるのです。

「いつラクになるのか」という錯覚

この話をすると、

「では、いったい、いつラクになるのか？」

と言い出す人がいます。

「**いつかラクになれる**」**という発想そのものが、錯覚です。**

マラソンをしている人に、「ゴールまでタクシーで行けば？」と言うでしょうか。
魚釣りをしている人に、「スーパーで魚を買えば？」と言うでしょうか。
それくらい、ピントがズレていることに気づかないといけません。

人間は、人間である限り、ずっと満たされないのです。
満足した瞬間というのは、成長が止まるときです。
引退して、余生を送るときに考えればいいことです。
あるいは、節目節目に、少し人生を振り返ってみて、
「悪くないな」
と思えれば、それでいい。それが瞬間的にラクになるときかもしれません。
しかし、**次の日には、「もっと上を目指そう」と思う**はずです。
どんな仕事でも、プロフェッショナルは、飽きることがないと言います。
ものづくりも、スポーツも、そして、経営もそうです。

「極めた」と思ったら、また次の景色が見えてきて、「まだまだこんなものじゃない」「上には上がいる」と思い続ける。

しかし、その仕事をお試し体験でやったような素人は、「こんなもんか」「大体はわかった」と言います。

どんな仕事も、やり続けると、つねに新発見があり、壁が現れます。

それは、仕事をすることで、解像度が高くなるからです。

それが一生、続くのです。

だから、つねに満たされない危機感と、最後まで仲良く付き合わないといけないのです。

それを知ったうえで、人の上に立つ人は、部下やメンバーを導いてください。

2章の復習

「危機感」をうまく利用するための質問

質問1
「怖い人」の意味を理解しているか？

本来、仕事において「怖い人」というのは、人格否定やパワハラをする人ではありません。


「仕事で求められる基準は高い」

「的確なフィードバックをされる」

など、明確な判断軸を持って、仕事における厳しさを見せる人です。

評価における基準が明確になることで、誰が見ても「理不尽な部分」がなく、部下からの言い訳も発生しません。

そういう関係をつくりましょう。

質問2
「説教」をしていないか？

長時間の説教をしても、人は変わりません。

むしろ、「相手をしてもらった」と、安心するような勘違いを起こします。

すると、部下は無意識に「このままでもいい」と思い、存在意義を得ることになります。

説教をして気持ちよくなることは、やめましょう。

大事なことは、部下が「改善点を見つける」ということです。

そのためのコミュニケーションをするのです。

質問3
「自分で考える時間」を与えているか？

相手にとって必要な指導をすると、「このまま成長しないと、会社に居場所がなくなるかもしれない」「とにかく現状を変えるために、何かを改善しないといけない」という、正しい恐怖が芽生えます。

そのためには、「○○を達成すれば評価します」と、明文化されたことを伝えるだけです。あとは、本人に考えさせる時間を与えます。

人の上に立つ人は、よほどのことがない限り「話を聞きすぎない」ということが求められます。「距離感を保つ」「制限時間をつくる」というルールで、人を成長させるようになりましょう。

質問4
「成長したい人」から負荷を奪っていないか？

「書いてあるような結果を出していないのに、なぜか評価される」という「ゆるいブラック企業」を生み出さないようにしましょう。

だから、ちゃんと成長したい若い人が納得できず、辞めていくのです。

人の上に立つ人は、「少し高めの目標をつねに設定する」ということをし続けましょう。

「とにかく高い目標」ではなく「少し高めの目標」。これが、成長のための負荷です。

以上が、2章の重要な部分を振り返る質問です。「危機感」の本質を理解して、うまく取り入れるようにしましょう。

第3章

負けを認めること

――「比較と平等」

「仲良く楽しく働きたい」と思うでしょうか。
誰しも「はい」と答えるでしょう。
では、あなたがある飲食店に入ったとします。
厨房で、社員とバイトが仲良くおしゃべりをしています。とても楽しそうです。
どうでしょう、そこのお店にまた行きたいでしょうか。

一方で、他のお店は、開店中は私語がなく、それぞれが自分の仕事に集中しています。
店を閉めた後には、仲良くおしゃべりしているかもしれません。
そんな仕事をすることが、「仲良く楽しく働きたい」の本当の姿です。
なぜなら、メリハリがあるからです。
「いつもわいわい楽しい職場」で、いったい誰が働きたいのでしょうか。

どうせ、みんな「心の中」で比較し合っている

「競争があると、職場が殺伐《さつばつ》とする」

よく言われることです。

しかし、果たして本当でしょうか。

人間は、つねに物事を比較して価値を認識します。

たとえば、どこかでラーメンを食べておいしいなと思うときは、いままで食べたラーメンと比較して今回のラーメンの味を認識します。

誰か人を好きになるときも、これまで会ってきた人たちと比較して、その人の価値

を認識しています。
つねに人は比較し、比較されている生き物です。
その前提に立って、仕組みをつくったほうがいい。
心の中で比べているのに、「表向きは競争をさせない」というほうが事実に反します。

「成長したい人」を基準に据える

人の上に立つ人は、人と比べるための「仕組み」を整えないといけません。
たとえば、営業であれば売上の数字をオープンにします。
それはもちろん、それぞれが自分の相対的な位置を知るためです。
それにより「当たり前」の基準があがります。
事実をハッキリと直視することによって、危機感が出ます。

「人と比べても仕方ない」

「私は人と比べることなんてしない」

と、誰もが口では言います。

しかし、気にならないわけがありません。

その前提に立ち、人と比べないように**「隠すような忖度《そんたく》」**はしないほうがいいのです。

そうしてしまうと、頑張っている人が頑張らなくなります。

逆に、頑張っていない人は、安心材料を得て、危機感がなくなります。

いかなるときも、「成長したい人」を基準に判断しましょう。

「成長する機会」を奪わないことです。

「人と比べたくない」という下からの反発に負けると、その判断軸がブレます。

人の上に立つ人は、ここまでの「責任と権限」と「危機感」の考え方を押さえ、つねに「競争環境」を整えるようにしましょう。

「暗黙知」をなくしていく

「あの人が羨《うらや》ましい」

「あの人に負けたくない」

ということを隠さないといけない世の中です。

しかし、人の成長を考えたとき、それらの感情があることを前提にして組織をつくったほうが、はるかに結果が出ます。

「あの人ができた。だったら、自分もできるはず」

そう考えられるかどうかです。

「とりあえずやってみる。まずはできる人から学ぼう」

そういうシンプルな素直さが人を成長させます。

人の上に立つ人は、そのための「仕組み」を整える必要があります。

組織には、「**暗黙知**」というものがあります。

21ページでも述べたように、個人のスキルが囲い込まれていて、答えがその人の頭の中に隠れているような状況のことです。

それを見えるように、仕組み化します。


仕事ができているプレーヤーから話を聞き、「**成功パターン**」をつくります。

いわゆる「マニュアル」です。


「最初に、どんな仮説を立てたのか」

「その上で、具体的に、どのような行動をしたのか」

「以前にどんな失敗があり、どんな改善をしたのか」

「この経験を踏まえて、どの方法に再現性があると思うか」

などの仕事の流れを聞いたうえで、誰もが実行できるようにします。

それを誰もがアクセスできるように、情報共有します。

そして、新入社員や中途社員が、すぐに実践できるようにします。

最初から自己流でやらせてしまうと、ヘンなクセがつきます。まずは基本が何なのかを徹底的に学んだほうが、成長は早まります。

これは、ある企業の例です。

そこでは、転職してくる人がまったく成長しないという問題を抱えていました。

なぜなら、期待をしすぎていたからです。

「ウチのような会社に来てくれて嬉しい」

「好きなように働いてくれていいから」

というように、お客さま扱いをしていたのです。

新しい会社のルールに従えない人は、その転職が不幸になります。

「ウチは全員がこういうルールで、マニュアルもあります」

「あなたにも同じ基準で評価を受けてもらいます」

と、**人の上に立つ人が、明文化して伝える**のです。

すると、

「前の会社では違いました」

「それは間違っていると思います」

などと反発してくるかもしれません。

それに対しては、堂々と言い返すべきです。この最初のコミュニケーションがブレてしまうと、後々、必ずトラブルを起こします。

特別扱いをしてしまうと、「言ったもの勝ち」の状況を生んでしまいます。

人を見るのではなく、仕組みを見るようにしてください。

そうすることで、責任のある判断ができるはずです。

「全体の利益」を優先させることの意味

本書で何度も述べてきたように、人の上に立つ人は、人ではなく仕組みを見る。

それは、

「平等を保つため」

です。


前項の転職者との向き合い方のように、「目の前の人」のことを考えすぎると、判断に迷いが生じてしまいます。

1人の人間を喜ばせることによって、組織全体が悪い方向に行ってしまう。

そんなことが、しばしば起こっています。

会社での役割、人間同士の役割

それはやはり、人間は弱いからです。

目の前で困っている人がいたら、「助けたくなる」「いい人になる」のが常です。

会社にいるときは目も合わせなかったような人なのに、外でバッタリ会うと、仲良く話し込んでしまうようなことがないでしょうか。

それは、会社での「役割」がなくなり、ただの「人間同士」の関係に戻っているからです。

しかし、また会社に戻ると、まったく話さなくなる。

人間関係とはそういうものです。

みんな「役割」を演じています。

なぜなら、それぞれに「責任」があるからです。

その責任において「**優先すべきこと**」が明確にあるのです。

それに違和感をもって、会社員生活を辞める人もいるかもしれません。

「人間同士の付き合いをしたい」

「個と個でぶつかり合いたい」

そうやって、フリーランスの道を選んだり、別の職業を選んだりする人がいます。

「脱サラしてお店を持つ」というのもロールモデルですね。

その瞬間は、解放された気持ちになると思います。

しかし、

「新規の仕事をもらう」

「人を雇って任せる」

というフェーズがおとずれたときに、**また人間関係の問題は生じます**。

引退をして山にこもったり、お金を稼ぐことから完全に脱したりしたら、話は別でしょう。

そういう人なら、役割を演じずに、個の人間として生きていけると思います。

ただ、誰もができるようなことではありません。

それに、個人として成長できたり、組織で大きな成果を出すことができないので、

「それは本当に楽しいことなのか？」

と、疑問さえ浮かびます。とはいえ、人の価値観なので強要はできませんが。

「全体の利益」に目を向ける

組織にいることのメリットは、やはり全員で大きな成果を出せることにあります。

そのために責任を持ち、役割に徹しています。

だから、**人の上に立つ人は、「組織の利益」を選び取る必要があります。**

平等に人を判断しないといけない。

それが、この項の冒頭に述べた、「人」ではなく「仕組み」を見ることの本質です。

「差があること」はメリットでしかない

「平等かどうか」は考えれば考えるほど、難しい判断が必要です。

たとえば、東京に本社があり、大阪に営業所を持っているとしましょう。

その場合、東京と大阪では市場が異なるため、目標に差をつけなければ、平等になりません。

「大阪では、東京での目標の80％でクリアとする」

と、ルールを決めたとしましょう。

すると、東京の人は、「大阪の人はラクで羨ましい」と思うかもしれませんし、大阪の人は、「いや、もっと差をつけてくれないと80％すらも不公平だ」と思うかもしれない。

そうです、**人によって感じ方はさまざまなのです**。

だから、人の上に立つ人は、「平等」の判断基準を覚悟を持って示すことが求められます。

「頑張っている人」が得をする会社

「平等とは何か」の意味をはき違えると、頑張りたい人が会社を辞めることになってしまいます。

たとえば、年功序列で年齢給の会社があるとします。

「同じ年齢だから給料も同じ」というのは平等なのでしょうか。

根本的に間違っています。**頑張った人に報いるのが、本当の「平等」です**。

そうすることで、頑張っている人は残り続けてくれます。

ここで注意したいのが、「評価されなかった人の反応」です。

誰が見ても明らかな基準で給料に差を設けることで、

「負けたことを正しく認識し、危機感が芽生える」

という状況が生じます。

「次こそは頑張る」という意識につながるのです。

それを前提にした「仕組み」をつくることで、「平等」になります。


そのため、一定以上の成果をあげた人を会社が表彰（ＭＶＰ）などで評価することは効果的です。

それは、会社からのメッセージです。

「誰が明らかに勝ったのか」

「負けた人はどこを目指せばいいのか」

ということを見えるようにする仕組みです。


一方で、ムダな頑張りを褒めると、間違った方向に人は進みます。

「これさえやっとけばいい」という発想になります。

「評価」という仕組みは、それくらい慎重に扱うべきものです。


評価すべきものを評価する。

評価すべきでないものを評価しない。


評価すべきでないものを評価すると、不満が続出します。

なぜなら、**評価はメッセージ**だからです。

もし、残業時間がもっとも長い人が会社から「努力賞」を与えられたら、あなたならどう感じるでしょうか。

おかしいと思うはずです。その違和感は正しいのです。

「負けても納得する人」はやがて成長する

明確な評価制度の中で、給料が下がる評価を受けた社員は、どうなるでしょうか。

会社を恨んだり、上司に反抗的になると思いますか。

むしろ逆です。

明文化されたルールの中で評価を下されているわけですから、**納得して受け入れるしか選択肢がありません**。

1章で述べたように、そのための「権限」は与えられています。

「条件が悪かったからできなかった」

「社会状況がよくないからダメだった」

などと、**他人や環境のせいにできない**のです。

よって、マイナス評価を受けた人は、その後、必死で頑張るようになります。

中には去っていく人もいますが、多くの人は試行錯誤する道を選びます。


すると、驚くことが起こります。

2～3年が経ったときに、**別人のように急成長しはじめる**のです。

これが、必要な恐怖と向き合って得られる結果です。

マイナス評価が与えられると、そのときは一瞬、冷たいように思われるかもしれませんが、**長期的に見ると、働く人たちにとって大きなプラスに転じる**のです。

逆に、マイナス評価を与えずに、「仕方ないから、とりあえず、そのまま頑張ろうよ」という曖昧な評価をすることで、その人が成長しないことのほうが、はるかに残酷です。

「仕事そのもので悩むこと」は幸せなこと

仕事の悩みは、「競争がつらい」から起こるのではありません。

「人間関係の悩み」が原因です。

「好き嫌いで物事が決まっている」

「社内に見えない派閥《はばつ》がある」

など、**属人化した問題によって、人は去ります**。

競争によって悩むのは、当然の話です。

独立して自分の店を持ったとしましょう。

すると、ライバル店とのお客さんの争奪戦がはじまるだけです。

どこに行っても、競争はつきまとう。

なぜなら、本章の冒頭で述べたように、「人は比べて生きる」からです。


そう考えると、人間関係の悩みがなく、ただ「仕事に集中できる」という環境は、すごく幸せなことなのです。

「どうすればもっと売れるだろう?」

「どうすれば成約数が増えるだろう?」

と、仕事そのものの悩みを持つことは、一生つきまといます。

だったら、「**成長する機会を得られた**」と考えたほうがいいのです。

「降格の人事」が本当に求めていること

ここまで、「平等」の本質について述べてきました。

人の上に立つ人は、まずは環境を整えて、全員が育つことを信じて仕事を任せます。

ただし、ここで1つ注意点があります。

それは、「マネジメントをするには早すぎた」「どうしても、いまの部署で結果が出てこない」という人が、一定数、現れてしまうことです。

これはある程度は仕方のないことです。

人を見抜くことは、やはり難しい。

そのために、「**降格・降給**」という仕組みがあります。

これだけを取り上げると、おそらくネガティブに聞こえるかもしれません。

しかし、その人の可能性を生かすためには、本来の仕組みとして必要なことです。

未来を見据えるからこそ「降格」をする

「未達成だと、降格・降給となること」を明文化しておくことは会社がやるべきことです。

成果をあげなくても何も影響がないとしたら、それは最終的に、

「別に頑張らなくてもいいんだな」

という認識につながります。

責任として自分に跳ね返ってくるかどうか。

それは大事な仕組みです。

学校であれば、単位を取っていないと留年や退学になります。

「頑張って成果をあげなければ自分の身が危なくなる」というのは、当然の仕組みです。


たとえば、営業でプレーヤーだった人が昇進し、管理職になったとします。

しかし、その後、チームの未達が続いたとしましょう。

その結果、「降格」になった。

そのタイミングに人事異動があり、バックオフィスに移ることになりました。

そこでまた、一から仕事を覚えて頑張ります。

営業での経験もあったため、スムーズに仕事を進めていきます。

その結果、その部署で昇進を果たし、優秀な管理職になっていく。


これがまさに、「仕組み」で人を成長させることの本質です。

「降格」という一時的なところを切り取るのではなく、長期的なキャリアとして見て判断する。

明確な仕組みさえあれば、誰もが受け入れることができるでしょう。

「人事異動」の本当の意味

先ほどの社員の例は、「人事異動」が分岐点となりました。

繰り返し伝えている「属人化」を防ぐためにも、「人事異動」は有効です。

識学では、原則的に「3年に一度の人事異動」をおこなうようにしています。

それは、どんなに仕組み化によって考え方を切り替えていても、**同じ部署で同じ業務を続けていると、「属人化」が生まれてしまう**からです。

1つの業務に慣れてくると、できるだけ頑張らずに作業をこなすようになります。

複数の部署があるならば、人事異動が効果的です。

もし、営業職で多くを占める会社であれば、そういう人事はできないかもしれません。その場合では、配置換えや担当変えをおこないます。

「扱う商品やサービス内容を変える」「エリアや担当者を変える」など、新しく頭を切り替えるような変化を加えます。

放っておくと、同じ得意先へのルーティン作業だけで目標をクリアし続けられるようになってしまいます。

その状態は、「属人化」の一歩手前です。

そのタイミングに人事異動などをおこなうことで、また一から試行錯誤する状態にリセットができます。リセットといっても、前の業務スキルを引き継いでいるわけですから、さらに大きな視野で次の業務に当たることができます。

そうやって、**1つ1つの壁を越えていくことで、より大きな視点を獲得していく人が、「出世」をします。**

「1つの業務しかしていない人」はリスクである

これがもし、1つの部署しか経験していない人が叩き上げで出世したら、どんなことが起こるでしょう。


たとえば、営業だけをやってきた叩き上げの人が、営業部長になるとします。

そして、その営業部長が自分で稼ぐようになります。

いつまでもプレーヤーの動きを続けて、「自分のやり方」を全員に押し付けて、画一化します。

さらに、それに対して何も言わない人だけを過大評価し、副部長や課長に昇進させます。


上司・部下の関係性でも、「既得権益」は生まれるのです。

ずっと同じ上司・部下の関係が続くと、そこに「悪い権利」が出てきます。

簡単に言うと、「**仲良くなりすぎる**」ということです。

「この上司についていくためだけに頑張る」

という状況を生みます。

この感情は、64ページで述べた「カリスマ性」と同じく、短期的に力を発揮するかもしれません。

情がわくことで、やる気が出る部分はあるからです。

しかし、長期的に見ると、デメリットもあります。

その上司が部署異動や退職をしたときに、部下たちがそれを不満や会社への不信感に捉えてしまうのです。

個人としての成長を考えたときに、

「1人でどこでも生きられるようにする」

「どんな組織でも働けて、結果が出せるようにする」

ということを期待すべきです。

なので、人事異動と同じく、上司・部下の組み合わせも、定期的に変える仕組みが必要です。

同様の理由で、営業先のクライアント担当なども配置換えをしたほうがいいでしょう。

異動したり、転勤したりすると、担当者が変わります。

そうすると、お客さまのほうから、

「前の担当者がよかった」

「担当者を変えるなら、御社との付き合いはなくします」


というようなことを言われるかもしれません。

しかし、組織が正しく機能していれば、うまく引き継ぐことができるはずです。

「**誰が担当しても同じパフォーマンスを出すことができる**」という仕組みをつくることができるからです。

そのためには、自分の仕事をマニュアルに落とし込んだり、人に伝えられるようにしておくことが求められます。

仕組みの発想があれば、担当替えのリスクも回避できるのです。

「育つこと」を信じる仕組み

降格の仕組みは、識学でもあります。

そして、降格した人を特別にサポートすることはしません。

明確なルールのもとで降格しているので、そこに対して配慮をすると、逆に特別扱いしていることになります。

青山学院大学陸上競技部の原晋《はらすすむ》監督は、「箱根駅伝のメンバーに選ばれなかった人に対して、何かサポートをしていますか?」という質問に、

「一切サポートはしない。なぜなら基準が明確だから」

と答えていました。

このスタンスと同じです。


基準が明確だから、人が育ちます。

「人が育たないから、外部から責任者や管理職を迎え入れる」

という会社も数多くあります。

その方法は、最終手段です。

たとえば、ITについて育成できる機能がない場合、外からエンジニアの責任者を入れるような場合ならOKです。

ただし、メイン業務であれば、育成する機能があるので、外から登用すべきではありません。

それをしてしまうと、

「ウチの会社は人が育つ仕組みがありません」

ということを認めることになります。

現場で働くメンバーも、将来のキャリアを見失うことにつながります。


人が育つことを信じましょう。そのための仕組みを整えるべきです。

「平等」を維持するための仕組みをつくる

とはいえ、人事異動や降格の仕組みは、経営層の立場でないとつくれません。

本章の最後に、マネジャー層でもできる「平等」のための仕組みを紹介しておきましょう。

モチベーションに対する誤解を解き、結果で評価をし、プロセスについては部下やメンバーに考えさせる。そういう方法です。

前著『リーダーの仮面』とも重複するかもしれませんが、復習のためにポイントを整理してから、次の章に移るようにしてください。

「モチベーション」のことを考えない

まず押さえておいてほしいのが、やる気を出させてあげたり、頑張る理由を与えたりしないということ。

「モチベーション管理」をしないということです。

ダメな方法は、「メリットを提示する」というコミュニケーションです。

仕事をお願いするときに、

「今度、ごはんオゴるから」

「次は他の人に任せるから」

と、ごほうびを与えるような方法です。

仕事をさせることは、罰を与えることなのでしょうか。

そう考えてしまうから、一緒にごほうびを与えてしまうのです。

まずはモチベーションのことを考えないことからはじめましょう。

「結果だけを見る」という機能

部下から報告を受けるときに、

「今回は気合いが足りませんでした」

「次はやる気を出していこうと思います」

という言葉があったときに、どう返すかがポイントです。

ここで考えるべきなのは、言い訳を聞くことではありません。

「次にどのような行動をするか」を確認するだけです。

「次は、どうしますか？　行動をどう変えますか？」

と、確認して、次の具体的な行動を引き出すことです。

この作業は、仕組みを回すように、機械的にやるしかありません。

つい、感情に寄り添って言い訳を聞きすぎる自分と戦わないといけないのです。

そうやって、結果だけを見る人になるために、133ページでも紹介した「会う回数や話す時間を意識的に減らす」というコミュニケーションがおすすめです。

世の中では、「プロセスを褒めること」が正しいとされています。

結果がついてきていなくても、過程を頑張っていたら、それを評価しようというのが、常識になっています。

残業する姿を見て、「よく頑張っているな」と評価してしまうと、

「結果が出なくても、残業をしていればいいのか」

と考えてしまい、行動を変えません。

部下にとっての「平等」を担保するには、部下との「距離感」が大事なのです。

このように、「モチベーションを考えない」「結果を見る」「プロセスを見ない」という機能を果たすことで、人を成長させるマネジャーやリーダーになることができます。

人の上に立つために、このスキルは必須です。

さて、ここまで1～3章で、「**責任と権限**」「**危機感**」「**比較と平等**」というキーワードについて見てきました。

いずれも、ただ言葉を聞いただけでは誤解が生まれやすいものだったと思います。

しかし、1つ1つ誤解をなくしていくことによって、本当の深い意味について知れたのではないでしょうか。

4章からは、さらに大きな話です。

なぜ、あなたは組織にいるのか。なぜ、その会社で働いているのか。

その本当の理由について、説明しましょう。

「比較と平等」に気をつけるための質問

質問1
「比べること」から逃げていないか？

つねに人は比較し、比較されている生き物です。
その前提に立って、仕組みをつくったほうがいい。
人の上に立つ人は、人と比べるための「仕組み」を整えないといけません。
そして、頑張った人に報いるのが、本当の「平等」です。
そうすることで、頑張った人が残り続けてくれますし、評価されなかった人の意識も変わります。

誰が見ても明らかな基準で差を設けることで、「負けたことを正しく認識し、危機感が芽生える」という状態が生じるのです。

すると、「次こそは頑張ろう」と思えます。

それを前提にした「仕組み」をつくることで、組織は「平等」になります。

そのためには、「褒めるべきものを褒める」「褒めるべきでないものを褒めない」ということを徹底して、比べ続けることです。

質問2
「環境への言い訳」を認めていないか？

「条件が悪かったからできなかった」
「社会状況がよくないからダメだった」
と、環境のせいにしていないでしょうか。

もし、まわりの同僚が同じ環境で結果を出しているのであれば、それは言い訳になりません。

明文化されたルールの中で評価を下されると、納得して受け入れるしか選択肢がないのです。

そのために1章で説明した「権限」は与えられています。

環境のせいにすることなく、試行錯誤する道を選ぶ。

曖昧な評価をなくし、正しく人と比べることで、人は前向きな行動がとれるようになります。

質問3
「人間関係の問題」を生み出していないか？

仕事の悩みは、「人間関係の悩み」から生じます。

「上司の好き嫌いで物事が決まっている」

という、人間関係の問題によって、人は辞めてしまいます。

人間関係の悩みがなく、ただ「仕事に集中できる」という環境をつくり出すようにしましょう。

そのためには、ルールで組織を運営し、仕組み化するしかありません。

人の上に立つ人は、えこひいきを許さないスタンスをとるべきなのです。

質問4
「マイナス評価」を受け入れられるか？

降格や降給というマイナス評価の仕組みがあります。

それを受け入れるようにしましょう。

成果をあげなくても給料や評価に何も影響がないのは、「別に頑張らなくてもいいんだな」という認識につながります。

責任として自分に跳ね返ってくるかどうかは大事な仕組みです。

「ずっと同じ上司部下の関係」「ずっと同じ業務」「ずっと同じクライアント」という状況では、属人化になります。

それらを適度に入れ替えることによって、その人の長期的な成長を生み出します。

以上が、3章の重要な部分を振り返る質問です。「危機感」の本質を理解して、うまく取り入れるようにしましょう。

第4章

神の見えざる手
――「企業理念」

もしあなたが「どうしても嫌いなサービス」があるとしましょう。
そのサービスが社会にとって不利益を与えている。そう感じているとします。
そんなあなたに、こんな誘いが来ました。
「ウチで働きませんか？」
話を聞いてみると、先ほど嫌いだと思っていたサービスを扱った会社でした。
すぐに断ろうと思ったら、
「年収1500万円を保障します」
と言われたとします。
さて、あなたなら、心が揺れますか？
おそらく、それでもやりたくないものは、やりたくないでしょう。
その感覚は、まったくもって正しい。
働くうえで「価値観」は重要です。そんな話をしましょう。

「どこに向かっているか」を押さえておく

ここまで、人の上に立つために「仕組み化」の必要性を1〜3章にわたって述べてきました。

これは前著『リーダーの仮面』『数値化の鬼』にも通底する考え方だったと思います。

そして、ここからが、本書のコアです。

仕組み化は、あくまで目指すべき「ゴール」があったうえで必要な考え方です。

つまり、手段です。

どこに向かっているかに認識のズレがあることは、何のために働いているかがわからない状態だと思います。

もちろん、個人やチームの目標はあります。

プレーヤーであれば、目の前の仕事に向き合うことが何より大事で、その役割を果たすことに責任があります。

ただ、**上司やリーダー、経営者がどこに導こうとしているかは把握していたほうがいい**でしょう。

どんな会社にも「理念」はある

70ページでも述べたように、ビジョンやパーパスと呼ばれる概念があります。

どんな会社でも必ず創業者がいて、社会に向けて実現したい思いや、やむにやまれぬ動機があって、事業を起こします。

その際、つくられるのが「**企業理念**」です。

「私たちの会社はものづくりで人々を豊かにします」

「私たちは地域ナンバーワンの建設現場を届けます」

「私たちの会社は世界中に食を届けていきます」


など、どんな会社にも「企業理念」があるはずです。

すでにある会社に新卒で入社した頃は、「とりあえず給料が目的」という考えかもしれません。

有名企業だから、大企業だから、年収が高いから……。

そういう理由で、最初は「お金のため」に働きはじめると思います。

しかし、それだけでは、**仕事を続けていく醍醐味《だいごみ》は味わえません。**


人生において、もっと大事なことがあります。

「何のために生きているか」

ということにも直結するでしょう。

ここがズレていては、そもそも、なぜそこで働くのかがわからなくなってきます。

いつも頭の中に在るべきもの

しかし、「企業理念」というのはナメて扱われることが多いです。「理念」という言葉が説教くさいからでしょうか。

若いときは、そういうものをバカにしているはずです。

あるいは、若手の頃はバリバリと働いていたのに、いつの間にか成長を諦めて、会社にしがみつき、企業理念のことなんて1秒たりとも考えることがない中堅社員、ベテラン社員もいるでしょう。

たしかに、日々の仕事の中で、「私たちの企業理念は○○だよね」と確かめ合うことはないでしょう。

お互い口にすることは恥ずかしいのかもしれません。

しかし、**1人1人の社員の心の中には、つねに企業理念が在り続けるべき**だと思います。

その下に全社員が一堂に集まっているからです。

しかし、それを口に出したり、本気にしたりすることは、なぜか恥ずかしい。

この感情の正体を、深掘りしましょう。

目標を掲げることの「恥ずかしさ」

前項で、理念を語ることの恥ずかしさについて触れました。

そもそも日本人は、やる気を見せることが恥ずかしいと思う文化があります。

「私は出世がしたいです」

「私は年収を1000万円稼ぎたいです」

など、やる気を見せるような目標を人前で言うことがほとんどありません。

有言実行することにはリスクがありますし、どんなシチュエーションでも言い出しっぺは恥ずかしい。

それと同様に、自分たちの企業理念を堂々と口にすることはありません。

それをやると周囲からは「意識高い系だ」とバカにされます。

たしかに私も、「意識が高いだけ」なのはダメだと思います。

しかし、**そこに行動が伴っていて、目標に向かって努力しているのなら、悪く言うことではありません。**

「群れたくない」という感情のこじらせ

私たちは、集団や組織に所属しています。

そこでは、「群れないポジション」をとることが、カッコよく見えます。

「みんなは○○だけど、私だけは××だ」

と、ルールを無視したり、枠にとらわれない生き方をしたりしている人に憧れてしまいます。

一方で、組織に組み込まれて生きている人は、「悪者」とされがちです。

ドラマやアニメ、映画などでは、

「正義感のある個人　VS　悪の組織」

という構図で描かれます。

そのほうが、見ている人が感情移入しやすいからです。

自分が理不尽だと思い込んでいることを、主人公が組織に向けて突きつける。

その姿に憧れるのです。


しかし、現実は違います。

悪意を持って組織された集団なんて、物語によって作り上げられた一部のものです。

きちんと企業理念を持って、社会に向けて貢献している企業で働いているのに、**「ここは自分がいるべき組織ではない」と言っていることのほうがダサい**のです。

何度も述べるように、1人の人間は弱い。

でも、たくさんの人が集まった集団では大きなことが成し遂げられる。

そんな組織の中でしか、「自己実現」なんて、できやしないのです。

社内で自虐をする人たち

あなたの学校に、不良はいましたか。

もしくは、あなたの自身が不良だったかもしれません。

不良は、学校のルールに反発します。


それと同じことが、会社組織でも起こります。

自分が働いている会社のことや、商品やサービスのことを悪く言うのです。

「ウチの開発部は、まったく市場を理解していない」

「だからウチはダメなんだ」

「いまの上の人はできない。自分が上にいれば、もっと改革できるのに……」

そんなふうに、**自社の悪口を言う人**がいます。

他社や得意先にも、そうやって言いふらします。

その成れの果てが、

「ウチの会社の企業理念なんて知らない」

という姿なのでしょう。

それを平然と言ってしまうことが、カッコいいと勘違いしているのです。


そうやって組織に反発しながらも給料やボーナスを受け取る社会人に、あなたはなりたいでしょうか。

それならば、さっさと辞めて別の会社に移ったほうがいいと思わないでしょうか。

なぜか日本では、嫌々、給料のために働くことが美徳とされています。


そんなに不満があるなら、**早く成長して人の上に立ち、自らの責任において「仕組み」を変えればいい**のです。

そのチャンスは全員に与えられているはずです。

ヒーローが最後に「気づくこと」

先ほど、ドラマや映画の影響で「組織を悪くとらえる」と言いました。

とはいえ、そこで描かれる結末は、じつは本書と同じメッセージです。

主人公は1人ですが、たった1人で成し遂げられることには限界があります。

仲間や周囲の助けによって、主人公は成長していきます。

最初は反発していても、目的を共有し、お互いが協力することによって、敵や悪を倒したりします。


その構図は、本書で伝えたいメッセージとまったく同じです。

大きな違いは、「最初から組織を悪とする」のか、「自分のいる組織を仲間だと思う」のかでしょう。そして、おそらく、あなたが気づくべきことは後者です。

「神の見えざる手」で働いている

さて、あなたはいまの会社や組織の「理念」の下にいます。
それに基づいて評価が下され、給料が支払われています。
さながら「神の見えざる手」で動かされているようです。

本書で述べてきたように、「仕組み化」の考えを理解し、実践している経営者やリーダー、上司がいる組織であれば、きちんと「神の見えざる手」が機能している状態です。

そうすると、あなた自身は、

「やらざるをえない環境」に身を置いていることになります。

「逃げられない環境」で考えるべきこと

1章の「責任と権限」を理解し、2章の「危機感」を持ち続け、3章の「比較と平等」において競争をしている状態です。

そうなると、

「景気が悪いから売上が立ちません」

「商品が悪いから売れません」

などと、**環境に逃げることはなくなります。**

責任を果たすために権限を得ることもできますし、平等に評価をされるために上司に明文化を求めることもできるからです。

あなたの隣には、自分と同じ条件なのに、結果を出している人がいるはずです。

それを身近に見ているのであれば、おのずと目の前の仕事に打ち込めます。

人間は1人でいると弱く、環境のせいにして逃げたくなるけれど、**隣で頑張っている人の姿によって、もう一度、その責任が自分に向いてくる**のです。


「これまでやってきた仕事のやり方を見直そう」

「過去にうまくいったやり方をゼロから疑おう」


そのように考えられることが、組織で働く大きなメリットです。

そうやって優秀な組織の中では、「神の見えざる手」の上で、仕組みとして機能するようになっているのです。

「変化率」は起こっているか

平等な組織のもとでは、お互いが刺激し合って高め合っている。

この状態を識学では、**「変化率が発生している」**と表現します。

たとえば、Aさんが30％の成長を見せているときに、周りの人たちが刺激されて、10％、15％の成長を見せはじめる。

この状態が起きると、組織は必ず成長していきます。


一方で、Aさんは30％の成長をしているのに、周りがまったく変化を起こさない会社もあります。

なぜなら、**競争環境が整っていない**からです。

本書で述べてきたような「仕組み化」が機能していません。


変化率がある組織とない組織の違いは、その1点のみです。

「結果を出しているAさんだけが特別な環境にいる」

という状態をつくらないことです。

その環境づくりは、人の上に立つ人の責任です。

社内での「秘伝のタレ」をつくっていく

仕組み化が機能した組織では、

「伸び悩む人が、うまくいっている人に話を聞きにいく」

ということが当たり前に起こります。

１６３ページでも述べた、共有する仕組みですね。

私の会社でも、成功事例の共有の場をつくっています。

人の上に立つ人が、**「聞かれたことは隠さずにオープンにすること」**というルールを設けておくことも必要です。

それをやるのは、「チームの目標を達成しないといけない」という立場の人です。

つまり、現場のリーダーや管理職に求められる動きです。

「秘伝のタレ」という言葉があります。ライバルがマネできないようなレシピをつくり、それを守ることで競争を勝ち抜く方法です。

そのレシピのつくり方を創業者だけが守っているとしましょう。自分自身と数人のスタッフでしか、お店を回せません。

しかし、1人で囲い込むのではなく、信頼できる弟子たちに伝えたらどうなるでしょうか。

のれん分けをしてさらにたくさんの人たちに、その味を届けることができます。

1人1人が、この味を、この集団の中で伝えていく。

そういう組織全体への貢献があることが大事です。

「**仲間に共有していく**」という考えは、そういう力を持っています。

自分の「企業理念」を言えるか

ここまでの話を理解してもらった上で、質問です。

あなたは、自分の会社の「企業理念」を言えますか？

さて、どうでしょうか。

一字一句、間違えないで言える必要はありませんが、「何を実現させるのか」の共通認識は持っておかないとマズいです。

いかなるときも、頭の中に理念が入っている状態で働かないといけない。

もし、言えないのであれば、どこに向かっているのかわかるのでしょうか。

それを知らないまま、走っている状態です。

もちろん上司が優秀であれば、それでも目的地に導いてくれます。

ただ、ゆくゆくは人の上に立ちたいのであれば、それを知っておいて損することはありません。

まずはあらためて、「企業理念」を調べてみてください。

「深い腹落ち」は遅れてやってくる

ただし、注意すべきことがあります。

それは、「**企業理念**」**の深い理解は**「**遅れてやってくる**」ということです。

いちプレーヤーが、すべての行動を「企業理念」をもとに意思決定するのは間違っています。

それは、経営者がやるべきことです。

そして、組織の中で上に行けば行くほど、自分の責任がわかり、「企業理念」の解像度が高まります。

山の上に書かれていて、下からでも読める状態だと思ってもらえると、イメージできるでしょうか。

下からも見えるけれど、上に行けば行くほど、ハッキリと見える。

「そうか、だからあの仕事をしていたのか」

「だから、あの事業が必要だったのか」

と、遅れて理解がやってきます。

それが企業理念なのです。


よく、経営者の理念を全社員に腹落ちさせる勉強会をおこなう企業があります。

もちろん、知っておくことはできると思います。

しかし、それを納得させて、**全社員に「経営者意識」を持たせることは不可能**だと思っています。

それは、責任が異なるからです。

責任があるから見えてくるものがあるのです。

視座の違いを認めよう

「社長は理想だけだ」と、現場は思うかもしれません。

だから、中間管理職が機能します。

役職が上がり、経営層の意図をプレーヤーよりも理解できるからです。

つまり、**視座が異なってくることで、考え方が変わります。**

その責任のもと、現場と向き合うことが求められます。


「あの人は出世して変わっちゃったな」

「組織の人になっちゃったな」

と言われるのは、当然のことです。

そうなることが真理なのです。

別の情熱があるなら、いまの会社を去ろう

さて、あなた自身、いまの会社の「企業理念」を調べて、そこに共感するとしましょう。

ただ、いまの環境が、どう考えても、その理念に向かっていない。

そんな場合もあるでしょう。

そのズレには理由があります。

最初の企業理念は、創業者が考えるものです。

そして、会社が継続していくことにより、二代目、三代目が、それを引き継ぎます。

すると、どんどん形骸化していく側面があります。

それは「借り物の言葉」になってしまうからでしょう。

サラリーマン社長だと、なおさらです。

最初の熱を絶《た》やさない人が、社長になるべきです。
そうして人の上に立ち続けられます。

もし、そこに不満があるなら、あなたがいる場所ではないのかもしれません。
私がすすめる転職理由は、たった1つだけです。

「企業理念に共感できないから」

それなら、どうぞ胸を張って去っていけばいいでしょう。
そして、

「人生をかけて解決したい問題が見つかった」

そういうミッションを見つけて、起業する道もありでしょう。

こうやって事業を起こす人は、やむにやまれない理由を見つけたからです。
それが、次なる企業理念となり、新しい会社や組織を生み出します。

その熱があるなら、それは誰も止められません。
ただし、その思いがあって起業したあと、また「仕組み化」の必要性に気づくときがきます。

「あのとき、あの上司、あの社長が言っていたことは、このことだったのか」

と遅れて理解するときがきます。それについては、終章であらためて述べましょう。

「理念なき会社」とはどんな存在なのか

ここまで、企業理念について述べてきました。

どんな会社にもそれがあると言いました。

ただ、じつは理念のない組織もあります。

48ページで述べたように、個人が「自然の状態」になってしまうのと同じで、**組織も自然の状態になってしまうことがある**のです。

それは、「お金になるから起業する」という人がいるからです。

社会に対して、何をやりたいかはわからない。ただ、お金はたくさんほしい。

そういう組織です。

社員に向けても、

「利益が出れば何をしてもいい」

「お金儲けが最大の目的だ」

ということしか伝えられない。


こういう組織でも、一時的にうまくいってしまいます。

トップにカリスマ性があり、その求心力によって、お金儲けへエネルギーが向いてしまうからです。


しかし、**必ずどこかでつまずきます**。

社会に対して果たすべき目的がないと、会社は続かないようになっています。

もちろん、利益は大事です。

しかし、それは、あくまで企業理念を実現する上で、組織を存続させるために必要なものです。

ただ利益を追いかけ続けるのは、魂の抜けたゾンビのような状態です。

どこに向かえばいいいか、ゴールを見失い、ただきまよっているようなものです。

理念があるから「一貫性」が生まれる

私たちの会社であれば、「**1日でも早く識学を広める**」という企業理念に基づいています。

その理念が、経営者の「判断軸」になります。

企業理念に近づくことは、よい。

企業理念から遠ざかることは、ダメ。

その一貫性を生み出します。

私たちが福島ファイヤーボンズというバスケットボールチームをグループ会社で運

営していることも、M&Aの仲介事業に参入したことも、「1日でも早く識学を広める」という理念に基づいた意思決定です。


この軸がなければ、「利益を求めて何をやってもいい集団」になり果ててしまいます。モラルがなくなり、

「どんなに反社会的でも、売れればいい。儲かればいい」

となってしまう企業は、ここがブレているのです。

理念は「現場の判断」までつながっている

たとえば、私たちの会社では、現時点で3500社以上のクライアントがいます。

そうすると、そのクライアント数を目当てに、次のような依頼がきます。

「その3500社に、ウチの法人向けの新サービスを販売しませんか?　契約が成立すれば、売上の20%を御社に還元します」

このような依頼です。

これを受けると、たしかに一定の売上にはつながります。

しかし、企業理念と照らし合わせると、

「識学を1日でも早く世に広める」

という、**本来の会社の目的に近づくわけではありません。**

だから、「それはやりません」という判断が下せます。


どんな会社を目指すのか、どんな組織になりたいのかは、そうした判断につながってくるのです。

その責任を、人の上に立つ人は求められます。

そして、現場の社員やスタッフは、そこに従わなくてはいけません。

後になってから、

「だから、あのとき、会社は新サービスを導入しなかったのか」

と、**遅れて腹落ちする**はずです。

企業理念に反発する理由のひとつに、
「トップダウンはよくない」
という勘違いがあります。

「あなたの会社は、トップダウンか、ボトムアップか」
という質問がよく聞かれます。
しかし、この質問自体が根本的に間違っていることが、本書を読んでいただいたら、
理解できるでしょう。

意思決定は、上から下におこなわれます。
ただし、**下から上に情報をあげることは正しい。**

これがマネジメントの真理です。要するに、**トップダウンの側面もボトムアップの側面もある**ということです。

1枚の紙に表裏があるように、会話には話すことと聞くことがあるように、トップダウンとボトムアップは、つねに表裏一体です。

ただし、ボトムアップによって集まった情報に基づいて、意思決定をするのは、人の上に立つ人です。

そして、その決定は絶対です。

なぜなら、責任を負っているからです。

責任がない人が、決定したり、判断したりすることは、物理的にできないのです。

ここまで読んできたあなたになら、その理由は明確でしょう。

「成し遂げたい思い」は仕組み化できない

本章の最後に、やや経営者向けの内容ではありますが、「企業理念」を語る上で欠かせないことなので述べておきます。

識学を導入する会社からも、度々、聞かれることです。

それは、

「企業理念のつくり方も『仕組み化』で教えてもらえますか?」

という質問です。

これに関しては、不可能だと思っています。

その理由について説明しましょう。

方法論には限界がある

ここまで語ってきたように、企業理念というのは、創業者が「やむにやまれぬ意志」を持ってつくるものです。

「会社のトップが、社会に何を届けたいのか」
「どんな問題を解決したいのか」

その思いは、方法論によってつくられるものではありません。

企業理念があった上で、

「それをどのように浸透させるか」
「どうやって会社を存続させるか」

という方法については、私たち識学がお手伝いできます。

「とりあえず、いまある事業を伸ばしたい」ということも支援できるでしょう。

ただし、トップである人間には、ちゃんとその過程で企業理念をつくることをすすめています。

そして、その支援まではできません。やはり、経営者自らの思いによってつくられるべきものだと思います。

アイデアしかなく伸び悩む会社

アイデアや商品が素晴らしいと、その力だけで、ある程度の事業化は可能です。

1人の優れたデザイナーや映画監督がいることによって、うまくいく組織がありますよね。

ただ、環境の変化は起こります。

「ヒットが出なくなる」

「アイデアが枯渇《こかつ》する」

そうなった後に、組織の力が発揮されます。

うまくいかなくなったときに、いかに組織によってアイデア出しがなされ、実現までスピードを保ち、失敗を改善していくか。

そのフェーズが必ずおとずれます。

しかし、私は、そうなってからでは遅いと考えています。

1人の才能によって、属人化された組織は、リスクです。

早いうちに「仕組み化」によって組織をつくり上げておかないと、最終的に「倒産」という形で責任を負ってしまいます。

個人の力で、行けるところまで行ける。

でも、やがて頭打ちになる。

その事実に、人の上に立つ人は、いち早く気づき、手を打つべきなのです。

「企業理念」を再認識するための質問

質問1
自分の会社の「商品やサービス」をバカにしていないか？

あなたは会社のグチを言うことはありますか。

多少の不満を口にすることはあるかもしれません。

ただ、それに限らず、自社の商品やサービスのことを悪く言う人がいます。

「ウチの商品は、まったくダメだ」

「よそのサービスは、あんなに優れているのに」

などと、自社の悪口を他社や得意先に言いふらすような人です。

まさか、そのような態度をとっていないでしょうか。

そうやって上に反発しながらも給料を受け取るような人に、絶対にならないでください。

そういう人は、時間や労力を傾けられる仕事や会社に、さっさと移ったほうがいいでしょう。

質問2　自分の組織の「企業理念」を言えるか？

あなたは、自分の会社の「企業理念」を言えますか。

100％正確に言えなくてもいいですが、自分の会社が「何を実現させようとしているのか」という認識は持っておきましょう。

まずできることは、いまの会社の企業理念を調べることです。

ただし、注意すべきことは、その企業理念の深い理解まではできない、ということです。

よく、経営者の理念を腹落ちさせる勉強会をおこなう企業がありますが、すべての行動を「企業理念」をもとに意思決定することはできません。

それは、経営者がやるべきことです。

ただ、組織の中で上に行けば行くほど、「企業理念」の深い意味が理解できるようになります。

自分の責任に応じて、見えてくるものがあります。

それを目指して、まずはぜひ頭の中に企業理念が入った状態で働くようにしてみてください。

質問3
「経営者の指示」を現場に伝えているか?

これは、中間管理職以上の人に向けての質問です。

現場の社員からは、「経営者は理想でモノを言っている」などと、反発が出ることがあります。

そのときに、中間管理職の人の動きが重要になってきます。

役職が上がり、経営層の指示にもとづき、自分の責任において、現場と向き合うことが求められます。

その判断のもと、部下に堂々と、「○○をしてください」と伝えられるようになりましょう。

あるいは、現場の情報を経営層の人たちが理解していない場合は、その事実を上にあげるようにします。

その2方向の役割をするのが、マネジャーです。

質問4
「企業理念のない会社」の問題点がわかるか？

企業理念は、経営者にとっての「判断軸」です。

「企業理念に近づくことをやり、遠ざかることはしない」という一貫性を生み出します。

この軸がない会社は、「利益さえ出れば何をやってもいい。売れればいい。儲かればいい」となってしまいます。

ぜひあなたが、企業理念があり、それに共感できる会社で働くことを望みます。

以上が、４章の「企業理念」を再認識するための質問です。

第5章

より大きなことを成す

――「進行感」

大きな荷物も、小さく分けると、持ち運べる。
その当たり前のことが、仕事になるとできなくなります。
1人の力を過信する。
「気合いでできる」と思ってしまう。
大事なことは、うまく頼るということ。
誰でもできることは救いです。
友達じゃなくても助け合えるのも救いです。
人間関係の悩みさえなければ、いいことしかありません。
「みんなで大きなことをやる」という、人生最大の喜びを得ましょう。

先に「企業理念」の話をしなかった理由

前章では、「企業理念」の話をしました。
もしかすると、こう思ったかもしれません。

「だったら、最初に企業理念の話をすればいいのではないか？」

私も、本来ならそう考えます。
会社の成り立ちを考えると、それがわかります。経営者の考えがあって、それが下へと下りていくのが自然だからです。その流れを見てみましょう。

利益が得られるまでの「正しい流れ」

創業者がやむにやまれぬ思いを持って、起業する。
←
企業理念を掲げる。
←
事業をはじめる。
←
その下に、仲間が集まる。
←
試行錯誤する。来る人がいる。去る人もいる。
←
大きな成果が出る。

←全員で利益（給料）を分け合う。

その順番が本来の正しい流れです。

しかし、**一般的なキャリアは、こうではありません。**

むしろ逆になってしまっています。それが、次のような流れです。

利益が得られるまでの「見せかけの流れ」

給料のために、就職活動をする。

←働きがいを求める。

←最初は言われたことをやる。

↓
壁にぶち当たり、試行錯誤する。
↓
成長して、より大きなことにチャレンジする。
↓
人の上に立ち、企業理念の深い意味を理解する。

そうして組織の中で上を目指していきます。あるいは、その会社でできないことを見つけた人は、転職をしたり、自ら事業を起こしたりします。

本当は「経営者」に届いてほしい

識学という考えは、「そもそも論」からはじめています。
すると、給料をもらうためだけに就職活動をしはじめた人には、耳が痛い話が多いでしょう。

だからこそ、**慎重に伝えていく話の順番を選びました**。

そうでないと、いきなり「愛社精神のお説教か？」と思われて、ここまで到達しないからです。

だから、3冊目の本の4章になって、ようやく「企業理念」という大きな話をしたのです。

本来、識学を導入する会社は、「経営者」の考えを変えるところからはじめます。全社向けの「就業規則」や「評価システム」の変更に着手します。

そこから、経営層、マネジャー層、プレーヤー層へと、マネジメントの本来の考え方を浸透させます。

水が上から下に流れていくように、スムーズに行き渡らせます。

しかし、こうやって本で伝える場合は、下から上へと向かう順番です。

まずは一般読者に広く読んでもらいたい。

仕事に悩む20代や30代に届かせ、管理職やリーダー層に届かせ、**やがて経営者にも、この考え方が伝わっていく**。

その期待を込めています。

その意図をぜひ、ここまで読んでくださったあなたには理解してもらいたいと思います。

「会社が変わる」とはどういうことを指すのか

マネジメントの悩みを聞いていると、もっともよく出てくる話があります。

「ウチの会社はぜんぜん変わらない」

「会社が変わらないとこのままではマズい」

そういう話です。

とはいえ、**解像度の低いグチのような悩みがほとんど**です。

「社長の考えを変えてもらいたい」

「組織の体質を変えたい」

と言ったところで、具体性に乏《とぼ》しく、どうすればいいのかわかりません。

「仕組み」が変われば、「会社」は変わる

「会社が変わる」というのは、どういうことなのでしょうか。

それは、

「会社の仕組みが変わる」

ということです。

制度やルールに手を入れなければ、具体的には何も変わらないということです。

単純に人が代わったり、気持ちが入れ替わったりすることではありません。

それなのに、多くの人は、

「社内の風通しが良くなった」

「社員たちに活気が出てきた」

という、雰囲気のことだけを求めています。

まったく本質ではありません。

その誤解をなくすようにしましょう。

会社の制度が変わり、それに基づいて、経営層、中間管理職、現場へと目標が下りていきます。

だから、原則では究極的には、経営者しか会社は変えられない。

とはいえ、**現場をよく知る社員や中間管理職からでもアプローチができる**ということは、ここまで語ってきたとおりです。

会社を変えていくためにできる努力はあります。

堂々と胸を張って「組織人」になろう

180ページの人事異動についての話でも伝えた内容を補強しておきましょう。

1つの業務しか経験してこなかった人についてです。

長く同じ場所にいると、その世界が「全体だ」と誤認してしまいます。

そうしてスペシャリストになる側面はよいとして、デメリットもあります。

それは、「**情がわくことによって対立を生む**」ということです。

自分の仕事を守ることが最優先になり、会社の意思決定に不満を抱いてしまいがちになります。

「メンバー全員が頑張っている事業を、なぜあっさりと潰すのですか?」

というような反発です。

どんなに仕事ができる人でも、感情が邪魔をすることがあるのです。


しかし、そのとき、他の業務を多く経験してきた人は、その会社の考えをすんなり受け入れます。

比較することで事情がわかるでしょうし、**自分の立場をより正しく理解することができる**からです。

だから、感情による対立をしなくなります。

そうやって、人の上に立ち、「組織人」になっていくのです。

「できること」をどう大きくするのか

現場に長くいると、新しいことをはじめようとするときに、「それはウチではできない」と反射的に考えてしまいます。

なぜなら、**いまの1人の「できること」だけをもとに考えてしまうからです。**

しかし、人の上に立つと、「ウチのチームならできる」と思えます。

さらに上になると、会社全体で「この困難にも立ち向かえる」と考えることができます。

これが、**組織で働くことで得られる「なんとかなる感覚」**です。

1人の作業をうまくこなすことだけが有能なのではありません。今までできなかったことがチームや組織全体でできるようになるという最高の成長感なのです。

そうやって、立派な組織人になっていく道があるのです。

それがなぜ、いまの時代では「社畜《しゃちく》」などと軽視されてしまうのか。意味がわかりません。

組織人になるメリットは、たくさんあります。

部署を横断して、「これなら、あの人に任せられるかもしれない」という目利きができるようにもなります。

「この分野は、あの人に聞く」

という判断によって、さらに仕事のスピードが増します。

1人の人間は小さくても、組織になることでものすごいことをやってのける。

その可能性にあふれているのです。

「個人の時代」へのアンチテーゼ

本書では、再三にわたって、個人が「歯車になること」のメリットを伝えました。

まずは、どんな環境でも活躍できるプレーヤーになってもらいたいからです。

さらに、マネジャーや管理職の人は、個人の成長と会社の成長のために、「責任」や「危機感」を持ってもらいたい。


というのも、優秀とされてきた人に多いのは、

「自分がこの会社で働いてやっている」

「自分がいなければ、この会社は終わっている」

「ダメな会社に、自分が来てやっている」

というような意識が少なからずあることです。

しかし、その思いのままで、うまくいくことはありません。


会社全体で社会に貢献し、企業理念へと近づいていく。

それにより、そこで働いている個人は、

「1人ではとても手に負えないような大きなことができている」

という感覚をおぼえます。

大きな組織のちっぽけな自分

大企業では、より大きなやりがいを感じられるはずです。

しかし、いま、大企業にいることで自分が与えられる影響の小ささに不満を感じ、辞める人が多いそうです。

その葛藤は、本書で何度も述べてきた「属人化」の話と同じでしょう。

「あなたがいないと困る」

と言ってほしい、その欲望です。

本書の冒頭に、この言葉は麻薬と書きました。


というのも、仮に大企業を辞めたとしましょう。

次のキャリアでは、ベンチャー企業や小さな組織に入ると思います。

そこで、働くことにやりがいを感じます。

会社はどんどん成長していきます。

いずれ自分の役職があがったり、さらに会社が大きくなったりすると、**また同じ壁にぶつかります**。

そして、また物足りなくなるのです。


次から次へと、ベンチャー企業を渡り歩く人がいます。

新規事業を立ち上げて、軌道に乗りそうなところで、また別に移る。刺激を求めているのかもしれませんし、それを専門職としているのであれば、それでも構わないでしょう。

しかし、だからといって、**腰を据えて1つの組織を大きくしていくマネジメントを軽視しないでほしいのです。**

いかなるときも、チームプレーが素晴らしい

「組織」の中に「個人」がいます。
この関係性は、切っても切れません。
「組織」と「個人」が、横並びになっているわけではありません。
そこが勘違いのもとです。

私は、キャリアを重ねていく上で、「**帰属意識**」は必要だと考えています。

合理的にも、感情的にも、どちらの面でもメリットがあります。

金の切れ目が縁の切れ目とはよく言われますが、ビジネス上の付き合いは、本当に切れやすいものです。

だからこそ、「**同じ会社にいる**」「**同じ集団にいる**」**ということの価値**は上がります。


あまりに個人の力が注目されすぎました。

1人で何でもできるように思いすぎています。

集団への貢献より、個人の利益が優先されています。

チームが優勝するより、自分のホームラン数が多い姿に惹かれるのでしょうか。

個人プレーがよしとされる。それにより、全体が負けることが起こっています。

しかし、いかなるときも、**チームのために活躍する姿のほうが素晴らしい**。

そのワケを、次にお話ししましょう。

「進行感」という感覚を持ってみる

ここまで語ってきたことを、1つの言葉に集約させましょう。
それは、「**進行感**」です。
組織で働くことにより、あなたは「進行感」が得られる。
これが、5章のテーマです。

ここからは、組織のトップに伝える内容として書きます。
識学の考え方も、本質的にはこの言葉に立ち返ります。
「進行感」という言葉を、経営者の中に浸透させてほしいのです。

「ここにいたい」と思うことの本質

私たちは、会社そのものが社会から必要とされることによって、その会社の一員であることを誇りに思います。

個人の中に、

「この会社に居続けないと、損な気分になる」

という気持ちが芽生えるからです。

その会社の売上が伸びたり、会社のことがメディアに取り上げられたりし、社会的評価があがることでも、「進行感」は発生します。

その中でも、**会社が企業理念の実現に近づいていく実感が得られることによる「進行感」がもっとも大切**です。

本来、会社は「企業理念」の旗印のもとに人が集まっているので、組織で働く人にとって、企業理念実現に向けて「進行」していることへの実感が、一番のエネルギーになるのです。

経営者は社員に対して、「どうなれば企業理念に近づいているのか」をあらかじめ定義し、示す必要があります。そして、その定義を達成していくことで、企業理念の実現に向けての「進行感」を組織全員で共有していくのです。

どんどん前へ、前へと進め

会社は、目的や目標に向けて進んでいく存在です。
企業理念にどんどん近づいていく。
そうやって全体が前に進んでいくことで発生するのが、「進行感」です。
組織で働く人はみな、この進行感を感じてほしいと思っています。
組織全体が前へ前へと動いていく感覚です。

それにより、**組織の一員であることに「誇り」を持つことができます。**

それが、「この会社にいること」の利益なのです。

目先のボーナスや社員旅行などでは味わえません。

進行感があることにより、社員は「辞める理由」がなくなります。


人の価値観は多様です。

たくさんのボーナスを求めていない人もいれば、社員旅行がまったく嬉しくない人もいます。


わかりやすいメリットを提示してしまうと、

「**別に、それを求めていないから**」

と、言い訳の材料を与えることになります。

しかし、進行感は違います。

人間であれば、誰もが喜ぶ最大のメリットだからです。

そうは言っても、口先では、

「組織の成長なんて嬉しくない」

と言うかもしれません。

ただ、本心は別です。

人の上に立つ人であれば、その軸がブレないようにしてください。

「**組織が成長して嬉しくない人はいない**」

そう信じるようにするのです。

もちろん、組織が大きくなることにより、わかりやすく給料やボーナスは増えます。

組織の利益が個人に還元できることも忘れてはいけません。

ただ、そこが目的ではない。本質的ではないということです。

アウトソーシングの限界とは

世の中には、組織を大きくすることをせず、

「すべてアウトソーシングでまかなえる」

「全員が業務委託でいいじゃないか」

と語る人がいます。


その考え方も、一理あるでしょう。

少ない人数だけで回していくことを最初から決めているからです。

ただ、その手段を選んだ瞬間に、

「進行感は得られない」

というデメリットがあることを知らないかもしれません。


一緒に働いている人が成長しようが、停滞しようが、まったく関係のない間柄です。

それに、リスクもあります。

相手に依存すると「いざ、いなくなったとき」に、一気に仕事がストップします。

相手にとっても「選ぶ権利」があります。

契約が切れれば、それでおしまい。

短期的にはリスクの最小化に見えますが、長期的にはリスクが隠れているのも事実です。

アウトソーシングや業務委託だと、「同じ仲間」という意識が芽生えません。

そういう仕組みではないからです。

上司部下の関係ではありません。

「育てる」「育つ」という目的が発生しないのです。

「安く早く、それでいて正確にやってくれればいい」という、損得の関係です。

それだけでは、「ここで働き続けたい」という感覚にまで達しません。

育った者も、育てられたのだ

とはいえ育ててくれたら、「さようなら」と言われることもある。

そう考える人も中にはいるかもしれません。

しかし、育ててくれたことに感謝する気持ちがあれば、今度は、

「**自分が育てる側に回ろう**」

と考えるほうが自然です。


これは何も押し付けているわけではありません。

ただ、「育った者も、育てられたのだ」ということに異論はないでしょう。

環境があったから育つ。

指導があったから育つ。

その仕組みの連鎖によって、組織は大きくなっていきます。そして、個人も成長していくのです。

この感覚は、組織にいないと感じることはできません。

「ここに残りたい」と思われる会社にするしかない

ここまで、組織で働くことのメリットの本質を語ってきました。

とはいえ、人が去っていく瞬間は、どんな職場でも訪れます。

69ページで述べたように、バスを降りていく人が、ある程度は発生します。

基本的に、去るものを追うことはしないほうがいい。

ただし、**優秀な社員が外から声をかけられて辞めるケースがあまりに多い場合は、手を打たないといけない**でしょう。

やはり人ではなく、仕組みが悪い

彼らがなぜ辞めるのか。

会社によってケースやシチュエーションは異なるかもしれませんが、ほとんどは、「属人化」による不平等やゆるみです。

ここまで語ってきたように、仕組みが整っていれば、それは生まれません。

きちんと組織が仕組みを運用していれば、**辞める理由が「自分の中」にしか存在しない**からです。

なので、優秀な人が多く辞めていく組織では、真っ先に、本書で語ったような仕組み化に取り組まなくてはいけない。

それが、人の上に立つ人の責任です。

その上で、あとは「進行感」を信じ続けてください。

組織や個人が成長できる環境であれば、優秀な人は辞めない。

そうやって信じておくことです。

いかなるときも、

「とにかく仕組み化」

なのです。

人を責めずに、ルールを責めるべきです。

「企業理念」を具体的に落とし込む

最後に、あらためて全社員に向けて「企業理念」を自分の中に落とし込むことをやりましょう。

まず考えたいのは、あなたが、

「どういう10年後を迎えたいのか」

ということです。

成長することは大前提ですが、「どういう方向に成長したいのか？」という軸は個人によって違います。

また、「どういうことを通して世の中に貢献したいのか？」も個人によって違う。

この2つの軸で考えてみるのです。

・どの方向に成長したいか？
・どうやって世の中に貢献したいか？

この2つの軸で考えて、いまの会社の企業理念と照らし合わせてください。

同じ方向を向いているでしょうか。

もし、そうであれば、「**とにかく仕組み化**」です。

与えられた責任を理解して、歯車として完璧な機能を果たし、人の上に立つ人になってください。

残念ながら、同じ方向を向いていない場合もあるでしょう。

「いまの会社で達成するのは難しい」

と思ったときは、おそらく転職のタイミングでしょう。

「この会社にいても、10年後に自分のありたい姿になれそうにない」

「この会社の提供しているサービスではなく、他のことで世の中に貢献したい」

そう思ったときには、転職を選んでいいのだと思います。


とはいえ、次の組織でやることも同じです。

成長を目指し、そこでの機能を果たし、組織の進行感に貢献するのです。

その仕組みは、不変です。

それを否定しても、同じ挫折を味わうだけです。


成長から逃げると、今度は別の苦しみがあります。

138ページで述べたように、ゆるいブラック企業への不満です。

人は無い物ねだりをします。

厳しい環境ではゆるさを、ゆるい環境では厳しさを求めます。

そうであれば、本書で述べたような「危機感」を持って働いたほうが、はるかに成長できます。

それに、**いまの世の中は、多くの人が「成長を諦めている状態」です。**

頑張る人にとって、こんなにチャンスなことはないのです。

誰のせいにもせず、仕組みと向き合おう

さて、いよいよ本章も最後です。

企業理念があり、そこに向けて前に進んでいるという「進行感」を感じると、1人1人が仕事に邁進できます。

プレーヤーをそこまで導いていくのが、仕組みを整える人の責任です。

「しんどいから転職しよう」という人がいたら、その人のせいにせず、裏側のルールを疑ってください。

「どんなしんどさなのか」
「単純に体力がないだけなのか、それとも人間関係でムダにすり減っているのか」

人間関係が理由であれば、それは仕組みで解決できます。
ちゃんと仕組みを整えれば、「どんな人でも成長できる」のです。
上司ガチャと呼ばれるような状況は、仕組みで壊せます。
それをぜひ体感してほしい。

「進行感」というのは、人間同士の「自然な状態」では発生しません。
社会を形成していき、組織が前進する中で生じるものです。
そして、**組織のエネルギーの源は、この進行感しかないのです。**

人の上に立つということは、不自然なことかもしれません。嫌われ役を演じたり、陰で文句を言われる存在になるということでもあります。

ただ、それをやり切ることで、大きなやりがいが得られることは間違いありません。

こちら側の世界へ、ようこそ。

5章の復習

「進行感」を浸透させるための質問

質問1
どうやったら「会社が変わるか」を理解しているか？

「ウチの会社はぜんぜん変わらない」という不満をよく耳にします。
しかし、その具体的な内容は、あまり考えられていません。
「会社が変わる」というのは、「会社の仕組みが変わる」ということです。
制度やルールを変更しなければ、具体的には何も変わりません。
会社の制度が変わり、それにもとづいて、経営層、中間管理職、現場へと目標が降りていきます。

だから、原則的に、経営者しか会社は変えられないと思っておきましょう。

本来、識学でも、経営者の考えを変えるところから指導をします。

とはいえ、現場を知る社員や中間管理職からでもアプローチができることはあります。ここまでの内容をよく読み返しましょう。

質問2
「組織人」になろうとしているか？

あなたは、個人の仕事量でしか物事を判断できないのではないでしょうか。

新しい仕事が増えると、「それはウチではできない」と反射的に考えてしまいます。

しかし、人の上に立つことで、人の意識は変わります。

「組織人」になるのです。

すると、「ウチのチームならできる」「困難にも立ち向かえる」と、組織全体で考えることができます。

その姿は「社畜」などではありません。

部署を横断して、「あの人に任せられるかもしれない」という判断ができますし、「1人では手に負えないこともできる」という感覚もおぼえます。

「同じ会社にいる」「同じ集団にいる」ということのメリットは大きいのです。

質問3 「この会社に居続けないと損だ」と感じるか？

会社が社会から必要とされるということは、その会社の一員である、あなたでも誇りに思うでしょう。

「この会社に居続けないと損だ」と思えるのなら、目の前の仕事に全力で取り組みましょう。

人の上に立つ人であれば、そのメッセージを社員に対して表現しましょう。

「会社はどうやって貢献していくのか」「何のために存在しているのか」を打ち出し、ハッキリと明文化して伝えるのです。

それにより、社員は、目標を設定し、どれだけ目標に近づいているのかを確認することで、その理念に近づくことを実感します。

また、そのような組織の一員であることに誇りを感じます。それにより、社員は「辞める理由」がなくなります。

質問4 「帰属意識」が芽生えているか？

人を短期的な利益だけで見ると、アウトソーシングや業務委託でいい気がします。

しかし、それでは「同じ仲間」という意識が芽生えません。

上司部下の関係がなく、「育てる」「育つ」という目的が発生しないのです。

「安く早く正確にやればいい」という、損得の関係しかなければ、「ここで働き続けたい」という感覚に達しません。

長期的に人を見るようにしましょう。

「成長させてくれる」「評価されないといけない」「全員で大きなことを達成する」な

どのメリットは、同じ会社にいる人たちだからこそ、味わえるものです。

そうしていくうちに、「帰属意識」が芽生えていきます。

組織で働く醍醐味を感じられるような人に、ぜひなりましょう。

以上が、5章の重要な部分を振り返る質問です。「進行感」が浸透していることを実感し、さらに組織で活躍できる人になってください。

終　章

「仕組み化」のない別世界

さて、ここまで「とにかく仕組み化」という考え方について説明してきました。
「仕組み化」を浸透させ、「属人化」を潰していく。
そんな働き方について理解できたのではないでしょうか。
もしかすると、これまでのあなたの考えとは真逆だったかもしれません。
「1人1人が替えの利かない人のはずだ」
と、心の中で葛藤があったかもしれません。
それと闘い続けるのが、人の上に立つ人の役割なのです。
とはいえ、最後に救いとなる「別世界」について述べておこうと思います。

「人間に戻れる場所」を持てばいい

ここまで、識学の考え方をもとに、さらに上を目指していきたいプレーヤーやマネジャーに向けて、マネジメント法の本質について述べてきました。

おそらく、「歯車として機能する」という考え方の奥底の優しさについて、理解していただけたのではないかと思います。

いつまでも成長し続けたい人に、つねに会社は「**居場所**」を与えます。

あなたが成長するために「**負荷**」も与えます。

そこで努力して、上を目指す人になってほしい。

ただ、「属人化」の存在を100％否定しているわけではありません。

それについて、最初に述べておきましょう。

会社が「与えるもの」「与えられないもの」

48ページで述べたように、「人間同士」のコミュニケーションは、人が本能的に求めるものかもしれません。

ただ、**「会社が与えるものではない」**のです。

会社で満たせるものがある一方で、会社では満たせないものもある。


たとえば、2人で会社を起こしたとしましょう。

1人はあなた、もう1人は古くからの友人です。

最初はお互い仲のいい友達同士、つねに一緒にいる状態です。

楽しい日々が続くことでしょう。

しかし、仕事が忙しくなってきた頃、どこかでズレが生じます。

「この人は仕事仲間だよな」という価値観。
「この人は友達だよな」という価値観。

この2つが、心の中でぶつかり合います。

さらに他の社員が増えたりすると、もっと人間関係は複雑になっていきます。

このとき、識学の考えがあれば、最初にやるべきことは、「役割を決めて距離をあけること」だとわかります。

友達関係をキッパリとやめて、「一緒に仕事をする人」になる。

1人が責任者になり、もう1人が部下になるべきなのです。

漫才コンビをイメージしてください。最初は仲のいい2人が、徐々に仕事が増えるにつれて友達関係ではなくなっていきます。

お互いの役割があり、どちらかが主導権を握る。
プライベートでは話さなくなるが、舞台の上では最高の漫才を披露する。
友達ではなく「戦友」になっていく。切磋琢磨する仕事仲間に変わるのです。

それと同じ関係性です。
最初の友達関係のままであれば、仕事が大きくうまくいくことがありません。

もう1つの「コミュニティ」の存在

会社は仕事をするコミュニティです。
ただし、**コミュニティは1つとは限りません。**
他にも、たくさんのコミュニティがあります。
友達。
家族。

趣味。
そこでは、いかにあなたが「替えが利かないか」が重要になります。
そうです。**それらのコミュニティは、仕事のコミュニティとは、真逆なのです。**
会社では、「企業理念を果たしていく」という明確な目的があります。
そのための役割を果たすことが、あなたに求められます。
つまり、替えが利く存在です。
あなたがいなくても、代わりの誰かがいます。

しかし、家族や友人では違います。
配偶者が家にいない日に、別の人に代わってもらうことはありえません。
友達と会う約束の日に、
「急に行けなくなったから、代わりの人をそっちに行かせるよ」
と言われて嬉しい人はいません。
友人関係には、「メリットがあるから」という関係性が見えるようでは、成立し続けません。

2つのコミュニティは「混ぜるな危険」

ここで大事なのは、
「どちらのコミュニティも生活に欠かせない」
ということです。
どちらが上で、どちらが下というものでもありません。
そして、ちゃんと生活をするならば、「順番がある」ということです。
仕事によって糧《かて》を得ることで、プライベートを充実させることができる。
その順番です。

また、「**混ぜてはいけない**」ということも言えます。

「会社なのに家庭のように振る舞う」

「家庭なのに会社のように振る舞う」


そういった公私混同が、すべての人間関係のトラブルの元です。

組織が崩壊するときの理由もここに詰まっています。


「今のままでいい」

「安心して過ごせればいい」

「1人の人間に戻れる場所がほしい」


そういう気持ちを満たすためには、自分で外にコミュニティをつくってください。

会社にいる限り、上司からの「評価」を必ず受けます。

しかし、家族や友人関係では、自分の価値観や判断で、ある程度、コントロールすることができます。


つまり、**「属人化」が許された世界です。**

オンオフを切り替えるのと同じで、コミュニティにおける考え方を切り替えましょう。

この2つを、「同じもの」としてとらえる人があまりに多すぎます。

それにより、**たくさんの人が精神的に追い詰められてしまっている。**

そうなる前に、早くから、

「**2つのコミュニティを切り分ける**」

「**異なる振る舞い方を覚える**」

という生存戦略を身につけてください。

そのために、識学ほど役に立つ考え方はないのです。

「属人化」の犠牲者を生まないために

これまで識学では、3500社以上の企業を見てきました。

本書で語ったような「仕組み化」がうまく機能している会社は、ほとんどありません。

どの組織も、「属人化」が蔓延《まんえん》しています。

それによって、**属人化の「犠牲者」が現れてしまっています。**

どんな会社でも、入社した頃の人は、キラキラと輝いています。

「この会社で成長してやろう」

という思いを抱いています。
それがいつの間にか、社内での人間関係を考えることに労力が奪われていきます。
売上をあげることよりも、社内で嫌われないことを優先させます。
仕事ができる部下よりも、言うことを聞いてくれる部下を可愛がります。
年功序列、終身雇用に守られて、年収はあまり下がることはなく、クビにもならない。
そして、気づいた頃には、**社内をうまく立ち回る能力しか身についていない。**
他の業界や企業では、「何の役にも立たないスキル」だけしか残りません。
あなたの組織でも、そんな属人化の犠牲者で溢れかえっているはずです。
会社への悪口でつるみ、群れている人たちです。
そんな人がいるのは、人の上に立つ人たちが、仕組みをつくってこなかった責任です。
本当に残酷でかわいそうなことだと思います。

「腕のいい釣り師」のもう1つの解釈

ネット上で有名な話があります。

「腕のいい釣り師」の話です。


ある島に、腕のいい釣り師がいました。

その釣り師は、自分の家族だけが食べられる魚を朝に釣り、昼からは家族と過ごし、夜は友達と焚き火を囲み、歌をうたって生活しています。

そこに、1人の投資家が現れて、こう言います。

「あなたは腕がいい。誰かにその技術を教えるべきだ」

釣り師は「なぜ?」という顔をしている。投資家は続けます。

「その技術を教えて、たくさんの人を増やせば、もっとたくさんの魚が釣れます。その人たちで会社をつくり、隣に工場をつくることもできます。すると、たくさんのお金が手に入ります」

釣り師は、「そうすると、何が起こるの？」と聞き返します。

「あなたは、一生、遊んで暮らせることができるようになります。仕事をする必要がなくなるのです。朝は好きな釣りをして、昼からは家族と過ごし、夜は友達と焚き火を囲み、歌をうたって生活できるようになるんです」

釣り師は、「**だったら、いまと同じじゃないか**」と言いました。

さて、この話を読んで、どう思われたでしょうか。

どんな解釈をしますか。

ネット上では、必死に働くことを否定するための話として広まっています。

あなたも、いっけん、釣り師の考えのほうがいいと思ったかもしれません。

しかし、**他の解釈もある**と思うのです。

会社として成功させたなら、大きな雇用を生み、たくさんの人をおいしい魚で喜ばせることができます。

人に釣りの技術を伝えることができたなら、他の人の成長にも貢献できます。

部下は育ち、おいしい魚を通して社会貢献をしています。

「いま遊んでいる人」と「あとで遊ぶ人」。その違いだけではないはずです。

人生の満足感が、まるで違うと思うのです。


あなたはどのように考えるでしょうか。

「あとで遊ぶ人」を軽視できないのではないでしょうか。

「ありのまま」という病の深さ

「ありのままでいて、欲望のままに生きられたら、どんなにいいだろう……」

誰しも、それを一度は考えたことがあるでしょう。

「なぜ、学校に行かないといけないのか」

「なぜ、働かないといけないのか」
「なぜ、猫や鳥のように、何も考えずに過ごせないのか」

それは、人間は社会を形成したからです。
コミュニティを分けることが、革命だったのです。

暑いからと言って、裸で外を出歩くことはできません。
ただ、家ではどうぞ、裸で過ごせばいい。

自然の状態では、人は本能のままに生きます。
一方で、その本能を制御し、社会に順応する能力が問われます。
好きな人がいたら、いきなり抱きつくことはせず、順を追って仲良くなるはずです。

しかし、最近では、コミュニティを分けることが否定されています。
「自分らしさを発揮したい」

「何をやりたいかが大事だ」

そういうメッセージが、いつのまにか浸透しました。

すると、今度は、**「わかりやすい個性を持っていない人」は価値がないようにとらえられてしまいます**。

「生きる意味を見いだせない」
「言われたことをやるのは機械だ」
「マニュアルに従うな」

と、否定される流れになりました。

さて、本当に残酷なのは、どちらでしょうか。

私は、社会を肯定し、コミュニティを分けることを堂々と支持する立場です。

1人1人が社会で機能を果たしているから、新幹線や飛行機は安全に時間どおりに運んでくれますし、雨風ではびくともしない家を建ててくれる。
世の中には、いいサービスがたくさんあり、その恩恵を受け続けています。
そういう考えを持つことで、先ほどのような悩みがなくなります。
「組織に所属して、役割を果たすこと」が何より意味のあることだからです。
いっけん、時代とは逆のことを語っている、と批判されます。
しかし、**どちらが人のためなのでしょうか**。

「生きる意味を見いだせない」という悩みは、引退間際に考えればいい。
「言われたことをやるのは機械だ」「マニュアルに従うな」などと語るには、10年も20年も早すぎる。

もっと先に、自分がやるべきことがあるはずです。

「かけがえのない歯車」になる、あなたへ

さて、ここでもう一度、この本の最初の2択に戻りましょう。

「替えの利かない人」になるか、「歯車として機能する人」になるか。
あなたは、どちらを選びますか？

本書に出合ったからには、この質問に自信を持って答えてほしいと思います。
そして、後者であるならば、ぜひ私たちと一緒に、成長する道を歩んでいってほしいと願います。

「感情を捨てろ」とは一言もいわない

本書に限らず、これまで識学では、感情に振り回されないための考え方を多数紹介してきました。

なぜ、こんなにも、感情の取り扱い方について述べるのか。

私のもとには、

「感情を押さえつけるのはよくない」
「感情を否定するなんて、けしからん」

という反論が届きます。

おそらく、あまり詳しく話を聞いたわけではなく、噂話や一部の文章を切り取っているからでしょう。

もちろん人間なのだから、感情は持ちます。

それは否定できません。

それを受け入れたうえで、どう振る舞うか、どう演じるかが大事なのです。

目の前に「食べてはいけないお菓子」が現れたときに、どう自分の頭の中で考え、我慢できるかがダイエットで大事なのと同じです。

「おいしそう」という感情に流され、お菓子をすべて食べることが「自分らしさ」なのでしょうか。

「機械」への情がわいたお年寄りの話

感情について考えるのに最適な、こんな話があります。

ある1人暮らしのお年寄りのもとに、遠く離れた親戚から「ロボット掃除機」が送られたそうです。

それは、「掃除が大変だろうから、ラクをするために」という理由で贈られました。

そのお年寄りは、最初は、機械のことは難しく思え、箱を開けるのも億劫でした。

しかし、ご近所の人から使い方を教えてもらい、ようやくロボット掃除機を使いはじめるようになります。

掃除の手間が省けて、ラクになりました。

毎日、毎日、ロボット掃除機は、同じ時間に同じルートを回って、家じゅうを掃除してくれます。

お年寄りは、「一生懸命に働いてくれるな〜」と、ぼんやり思います。

そして、5年が経った頃、ロボット掃除機に異変が現れます。

動かなくなったのです。

そのお年寄りは、買ってくれた親戚に連絡を入れます。

すると、「5年も使い続けたんだから、買い替えようか?」と言ったそうです。

しかし、お年寄りは、近くの電気店へと、そのロボット掃除機を持っていきます。

そして店員さんに、こう言ったそうです。

「この子が動かなくなっちゃって。なんとか直していただけませんか？」

そうです。毎日、一生懸命に働く姿を見ているうちに、いつの間にか情が生まれ、

「ただの機械」

ではなく、

「まるで人間のよう」

に、感情が変化していたのです。

「歯車として機能する」ということの本質は、この話に近いでしょう。

マニュアルどおりに働いたり、ルールを守って働いたり、感情より理論を優先させたとしましょう。

しかし、**その姿でも、十分に相手には「感情」が伝わる**のです。

そうやって、人は組織で「かけがえのない歯車」になることができるのです。

どうか「頼られる存在」になってください

本章のラストに、「存在意義」の話をしようと思います。

「存在意義」がないと、生きられない

人が社会で生きていくうえで、**誰かからの「存在意義」を感じることは不可欠**です。

親が相手をしてくれないと、子どもは家に居場所がないと感じる。

学校に友達がおらず、話しかけても無視されるとつらい。

社会と接続できず、誰からも頼られないのは耐えがたい。


どんな場所であろうとも、1人ぼっちでは生きられません。

存在を認めてくれる人が1人でもいると、精神状態は安定します。

そして、できれば、**より多くの人に自分の「存在意義」を認めてもらうことは、最大の喜び**だと思うのです。

先ほどの「魚釣り」の話は、まさにそれです。

自分を満足させるだけでは、人生は満たされない。

人間には、承認欲求があります。それからは逃れられません。


65ページでは、私自身が識学の創業者としてメディアに出演することについて述べました。

創業者として、「識学の認知度を高める存在である」という役割を果たしています。

起業してから拡大していく段階では、短期的にトップのカリスマ性が機能します。

それは、1人の人間に求心力が働くからです。

そこから徐々に会社が大きくなっていくにつれて、カリスマ性が薄れていくのが理想です。


社長が意思決定をしてトップダウンで伝えるとなると、「カリスマ性が必要なのではないか?」という誤解をされます。

まったく逆です。

カリスマ性のあるトップがいると、中間管理職の機能をなくしてしまいます。

社長が全員の面倒をみようとする。

「ウチの会社は、社長が社員1人1人の話を聞いてくれます」

と聞くと、いっけん、いい会社のように思うかもしれません。

ただ、それをやってしまうと、中間の機能が死んでしまいます。

社長にばかり求心力が集まることになります。

すると、社長が世代交代した瞬間に、多くの社員が辞めることになるのです。

社長が果たしていることも、「機能」でしかない。私だって、「かけがえのない歯車」なのです。

歯車は歯車でも「重要な歯車」

「属人化をなくして歯車のように働く」ということは、「**社会に対して有益になる**」ということです。

あなたの存在が、誰かの役に立つのです。

組織が大きくなるにつれ、たくさんの存在意義を獲得できます。

社会人は、代替可能です。

社長である私も、同じです。

私がいなくなっても、組織は回るでしょう。

しかし、いまは役割があるから、それを果たしている。

それ以上でも、それ以下でもありません。

先ほども述べたように、「かけがえのない歯車」になりましょう。
たとえ歯車であっても、「なくなったら困る歯車」だとまわりが感じてくれるのであれば、それで十分です。

プレーヤーも、
マネジャーも、
組織のトップも、
会社にとって、
1つ1つが重要な部品であるから、
機械は大きな動きができる。

そう考えることだってできるのです。

「属人化」と逆の方向を目指すことで、「あなたがいないと困る」と思われるような歯車になる。

逆説的に、「私らしさ」と同じ目的が果たされます。

組織のために働き、
人の役に立ち、
最後は組織の中で、
「辞めるのが惜しまれる」
というような人。

ぜひ、それを目指してください。
そのために、いま目の前の仕事に集中してください。
仕事とは別にある「属人化の世界」も大事にしてください。
それが、本書を読み通したあなたにお伝えする、私からの最後の言葉です。

おわりに

「いいリーダーの言葉は、時間差で遅れて効いてくる」

これは、前著『リーダーの仮面』で、もっとも反響のあった言葉です。


若い頃には、社会の先輩からのアドバイスを聞いて、

「耳が痛い」

「正論すぎる」

と感じたことがあると思います。

それらは、後になって、あなた自身が成長したり、出世したり、人の上に立ったときに、

「そういうことだったのか」

と、遅れて理解がやってきます。

本書『とにかく仕組み化』でもその点は同じです。

若い頃は、誰しもが会社のルールに反発するものです。

そのときは、「仕組み化」の発想がないからです。

そんな不満をエネルギーに変えて、起業する人もいます。

「自分の理想のチームをつくろう」

と最初は思うでしょう。

その後、事業がうまくいったとして、人を増やすタイミングがおとずれます。

そこに入ってくる若者が、昔のあなたと同じようにルールに反発したとき、

「あの頃の自分は、こういう姿だったのか」

と、その未熟さに気づくはずです。


いいリーダーの言葉は、時間差で遅れて効いてくる。

言われたことを忠実に一生懸命に取り組んでくれる「組織」のありがたみが、痛いほどわかるはずです。

これは、創業して3年が経つ、ある会社の話です。

そこでの営業は、社長1人が担っています。

自分の営業力に自信があり、徐々に会社を拡大しています。

良かれと思ってやっている一方で、社員の仕事量が増え、営業で案件を取ってくることが「歓迎されていない」という雰囲気を感じはじめます。

営業の能力だけでは立ちゆかず、組織マネジメントの重要性を痛感する瞬間です。


そこでやるべきことは、営業をいったん止め、「評価制度」をつくり、メンバーに「何を求めているか」「どうすれば評価されるか」を明確にすることです。

ここで立ち止まれるかどうかで、その会社の行く末は決まります。


どんなに圧倒的な結果を出してきた優秀な人であっても、

「嫌われることが不安で怖い」

と言います。

会社の仕組みを変えるときに、社員から、

「また変わったのか」

と思われることを恐れます。


前著『リーダーの仮面』で次に反響のあった言葉は、

「部下とは迷わず距離をとれ」

でした。


上司と部下は、距離が近すぎることで、相手の顔色をうかがうようになってしまい、嫌われることを恐れてしまうものです。

お互いの心を軽くするために、行動を素早くするために、

「部下とは迷わず距離をとれ」

という方法は、もっとも効果を発揮します。

ぜひ、あらためて自分に問いかけてみてください。


識学の教えがもっとも伝えたいこと。それは、「どんな人であっても成長すること

ができる」ということです。

この「どんな人であっても」という部分が重要です。

自分に与えられた業務に集中して、何度も失敗を繰り返しながら、創意工夫をすることによって仕事がうまくいきはじめると、人は「成長」を実感します。

入社当時はまったく役に立たないような新人もそうです。

目の前のつらさから逃げずに努力した結果、ハイパフォーマーになり、最終的には社内でＭＶＰに選ばれる社員が数多くいます。

たとえ、ＭＶＰになれなくても、少しずつでも成長を実感することはできます。

人は、企業理念のもと、機能を果たす管理職によって正しい努力に導いてもらえれば、必ず成長できるということです。

それを体感できると、「この会社に居続けたい」と思うのです。

こうした成長の最後に発生するものが、「本当のモチベーション」なのです。

モチベーションは、会社や上司が与えるものではなく、プレーヤーの人たちに自主的に発生するものであり、そういう環境をつくるのが大事なのです。

そのために、成長を感じることができる環境を「仕組み」によってつくる。人の上に立ち続ける人の役目は、まさにそれです。

1人でも多くの人が、本書を読んで、上を目指していってほしいと思います。

＊

さて、これで、識学シリーズの三部作が完結します。

プレーヤー時代は『数値化の鬼』を、マネジャー1年目には『リーダーの仮面』を、さらに上を目指していくには『とにかく仕組み化』を、それぞれ読んでいただくことで、組織のピラミッドは完成します。

その3冊の流れを、あらためて、ここでご紹介しておこうと思います。

まずは、仕事ができるプレーヤーになる（『数値化の鬼』のエッセンス）

ステップ1「行動量」を増やす
↓ 自分の行動の数を正確に数えること
ステップ2「確率」のワナに気をつける
↓ 割り算による安心感のワナに気をつけること
ステップ3「変数」を見つける
↓ 仕事の中で何に集中するかを考えること
ステップ4「真の変数」に絞る
↓ ムダな変数を削り、さらに重要な変数に絞り込むこと
ステップ5「長い期間」から逆算する

↓　短期的と長期的、2つの軸で物事を見ること

そして、マネジャーへと頭を切り替える（『リーダーの仮面』のエッセンス）

ステップ1「ルール」の思考法
↓　場の空気ではなく、言語化されたルールをつくること
ステップ2「位置」の思考法
↓　対等ではなく、上下の立場からコミュニケーションすること
ステップ3「利益」の思考法
↓　人間的な魅力ではなく、利益の有無で人を動かすこと
ステップ4「結果」の思考法
↓　プロセスを評価するのではなく、結果だけを見ること

ステップ5「成長」の思考法
↓ 目の前の成果ではなく、未来の成長を選ぶこと

最後に、人の上に立ち続ける（『とにかく仕組み化』のエッセンス）

ステップ1「責任と権限」を手に入れる
↓ 決めたことを守り切るようにすること
ステップ2「危機感」を利用する
↓ 正しい恐怖を感じ続けるようにすること
ステップ3「比較と平等」に気をつける
↓ 正しく人と比べる環境を整えること

ステップ4「企業理念」を再認識する
↓自分がどこに向かっているかを迷わないこと
ステップ5「進行感」を感じる
↓他者と共に大きなことを成し遂げること

以上が、あなたが組織で働くうえで、身につけてほしいすべての流れです。本シリーズは、この先、時を経ても残るであろう「普遍的な内容」を目指して書きました。

どんなに時代が変わっても、

「仕事で結果を出すこと」

「人をマネジメントすること」

「組織を大きくしていくこと」

という3つの原理原則は変わりません。

何度も何度も、読み返してほしい。部下や悩める友人に手渡してほしい。

心からそう思っています。

＊

最後に。

私がこの会社を起業したきっかけについて書きます。

それは、日本社会に対する強烈な「違和感」からでした。

一見、「1人1人に優しい」ように見える考え方や組織の制度が、世の中にたくさん溢れています。

それを、多くの人が「正しい」と盲信し、流行させていきました。

今もまだ、その大きな流れは継続していると感じます。

しかし、立ち止まって、それらを冷静に見てみると、「優しい」ように見せかけて、「まったく優しくない」ものばかりでした。

そのときはいいかもしれないけれど、時間が経ったときに、優しくする側も、優しくされる側も「マイナスになること」がほとんどだったのです。

そして、その事実に、多くの人が気づかずに日本社会が進んでしまっている。

そのことに強烈な「違和感」を抱きました。

それと同時に、このままでは日本の衰退が加速するという「危機感」を強く持ちました。

本シリーズの書籍を手に取り、読みはじめたとき、多くのみなさんが、

「時代遅れのことを言っている」

「こんな人に優しくない考え方は、いまの時代に合わない」

と感じたと思います。

しかし、読み進めるうちに、私が感じていた「違和感」の正体を共有できたのではないでしょうか。そして、「このままではいけない」という「危機感」を持ったのではないかと思います。

読んでくださったみなさんの「日々の行動」が変わることで、よりよい社会になっていくことを心から願います。

私も微力ながら頑張ります。

安藤広大

［著者］
安藤広大（あんどう・こうだい）
株式会社識学 代表取締役社長
1979年、大阪府生まれ。早稲田大学卒業後、株式会社NTTドコモを経て、ジェイコムホールディングス株式会社（現：ライク株式会社）のジェイコム株式会社で取締役営業副本部長等を歴任。
2013年、「識学」という考え方に出合い独立。識学講師として、数々の企業の業績アップに貢献。2015年、識学を1日でも早く社会に広めるために、株式会社識学を設立。
人と会社を成長させるマネジメント方法として、口コミで広がる。2019年、創業からわずか3年11ヶ月で東証マザーズ上場を果たす（現在はグロース市場に移行）。2023年8月現在で、約3500社以上の導入実績があり、注目を集めている。
主な著書に、シリーズ100万部を突破した『リーダーの仮面』『数値化の鬼』『とにかく仕組み化』（ダイヤモンド社）がある。

とにかく仕組み化
――人の上に立ち続けるための思考法

2023年5月30日　第1刷発行
2024年3月22日　第8刷発行

著　者――安藤広大
発行所――ダイヤモンド社
〒150-8409　東京都渋谷区神宮前6-12-17
https://www.diamond.co.jp/
電話／03･5778･7233（編集）　03･5778･7240（販売）

ブックデザイン―山之口正和（OKIKATA）
本文DTP――キャップス
校正―――――LIBERO
製作進行――ダイヤモンド・グラフィック社
印刷／製本―勇進印刷
編集担当――種岡 健

ISBN 978-4-478-11774-3

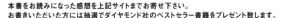